777

ポリアモリー　複数の愛を生きる

深海菊絵
FUKAMI KIKUE

HEIBONSHA

ポリアモリー　複数の愛を生きる●目次

章扉イラスト・図版作成／柳川敬介

はじめに

わたしにとって好きな人が同時に複数いることは、ごく自然なことだった。

小学生のとき、友達に好きな人を訊かれ「クラスでは○○君。隣のクラスでは△△君。一つ上の学年では□□さん」と答えていたのを覚えている。当時、女子の間では交換日記が流行《はや》っていて、そこには好きな人ベスト3を書くのが定番だった。好きな人が三人いて、さらに三番目に好きな人が二人いる、なんてことは「普通」のこと。それはわたしだけでなく、周りの友達も同じだったように思う。

でも、なぜ子供の頃は同時に好きな人がたくさんいてもおかしくないのに、大人になるにつれ一人の人だけを愛するようになるのだろう。わたし自身、中学校に入学して彼氏ができると、「自分だけを見てほしい」と願う乙女に転身した。小学校にも中学校にも「愛」についての授業はない。しかし、子供たちは知らない間に〈一対一〉が正しい愛のかたちである、という「常識」を身につけていく。子供たちはそれを身近な大人たちから教わるのかもしれない。あるいは、漫画やテレビドラマ、CM、歌、小説、映画から教わるのかもしれない。「君だけを見ている〜♪」といった類《たぐい》の歌詞。一人の人を愛し続ける健気《けなげ》で美しい主人公。芸能人のスキャンダラスな不倫騒動……わたしたちを取り巻く世界は、〈一対一〉の愛を賛美するもので溢れている。

知らない間に身につけた愛に関する「常識」
＝一人の人を愛すること
＝「正しく」「ホンモノ」の愛

しかし、だからといって、同時に複数の人を愛することはホンモノの愛ではない、といえるのだろうか。ここであなたに質問したい。ＹｅｓかＮｏで正直に答えてほしい。

①交際相手がいるのに他の人を好きになったことがある。
②夫や妻がいるのにデートしたいと思う相手が現れたことがある。

③すでにパートナー（恋人・配偶者）がいる人を好きになったことがある。

少なくともどれか一つにはＹｅｓと答えたのではないだろうか。パートナーがいるのに、誰かに心を奪われてしまうこと。パートナーがいる人を偶然好きになってしまうこと。大きな声ではいえないが、それは仕方のないことだと思う。そもそも、「誰かに魅了される」「誰かに夢中になる」ということは、自分の意志を超えて生じてしまう。

では、複数の人を好きになることの一体なにが問題なのか。この問いを考えるために、もう少し質問してみたい。これも正直に答えてほしい。

④じつは「浮気」したことがある。
⑤じつは「二股」をかけたことがある。
⑥じつは「不倫」したことがある。

どれくらいの人がＹｅｓと答えているのかはわからないが、さきほどＹｅｓと答えた人よりは少ないだろう。「好きになるのは仕方ないが、行動に移すのはいけないこと」「心の浮気はOKで、身体の浮気はNG」と多くの人は考える。それに、法律においても、既婚者が配偶者以外の人と性愛関係を持つことや、既婚者と性愛関係を持つことは許されていない。日本やアメリカをはじめ、現代社会の多くの国が一夫一婦制度（モノガミー）を採用している。〈一対一〉を性愛倫理とするモノガミー社会では、既婚者の「浮気」「不倫」はあってはならない。「浮気」「二股」「不倫」は非倫理的で「ふしだらなこと」とされている。

しかし、どうだろう？　法律が「浮気」や「不倫」を非倫理的だといっても、世間が「ふしだらだ」「いけないことだ」「本当の愛ではない」といっても、本気で浮気相手や不倫相手を愛してしまっていることはないだろうか。それに、「浮気」や「不倫」をしているからといってパートナーへの愛がホンモノではない、とも限らない。

パートナーを心の底から愛しつつ、他の人も愛してしまう可能性は十分にある。ただ、こうした状況で厄介なのは、愛するパートナーに嘘や隠しごとをしなければならないということだ。パートナーを傷つけたくなければ、他の人を愛している事実を隠すしかない。ある意味それは、愛するパートナーへの思いやりともいえる。とはいえ、愛する人に嘘をつくのは、やはり心が痛む。パートナーを大切だと思っていればいるほど、「裏切っている感じ」がする。

罪悪感に押し潰されそうになり、ため息をつきながら、最終的には誰か一人を選択し、決着をつける。

あなたはそんな経験をしたことはないだろうか？

わたしたちの生きるモノガミー社会では、一人の人間を愛し、貞操を貫くことこそが「誠実」な愛の証。いくら真に愛していようと、その相手が一人でない限り、自分の愛の「誠実さ」を伝える術《すべ》がないのである。

だが、しかし……。

「複数の人を本気で愛している」という自分の気持ちに、嘘をつく必要はないのではないか？と考える人びとがいる。彼らは「〈一対一〉の愛だけが正しいわけではない」「愛は社会規範が保証するわけではない」「愛する人数は自分の意志で決めるべきだ」と主張し、新しい選択肢を加えた。

それは、同時に複数のパートナーと「誠実」に愛の関係を築くという道である。

複数愛の可能性を探求する彼らは、自分たちの愛のかたちを「ポリアモリー polyamory」と名付けた。

複数愛といっても、ポリアモリーには条件がある。それは自分と親密な関係にある全ての人に交際状況をオープンにし、合意の上で関係を持つこと。したがって、パートナーに隠れて複数の人と関係を持つようなことはポリアモリーではない。また、ポリアモリーは性的な関係を持つことを第一目的とするスワッピングの人間関係とも異なる。ポリアモリー実践者の目指す関係は、感情的にも身体的にも深く関わり合う持続的な関係である。

さて、こうしたポリアモリーの魅力はなんだろうか。たとえば、ポリアモリー実践者であるマリアは、ポリアモリーを「自分の気持ちや大切な人に対して誠実／正直でいられるヘルシーな生き方」だという。恋人の他に好きな人ができてしまったときに、自分の気持ちに嘘をついて、無理矢理どちらか一人を選択しなくてもいい。夫や妻に隠しごとをせずに、他の人を愛することができる。逆に、自分のパートナーに好きな人ができたとしても、「他に好きな人ができた」という理由だけでふられる心配もない。

複数の人を同時に好きになってしまった自分やパートナーを否定することなく、むしろそうした自分やパートナーの「ありのまま」を受け入れようとする。それがポリアモリーの魅力であり、目指すところである。

この新たな性愛スタイルは、近年、アメリカの都市部を中心に展開している。ポリアモリー実践者の増加に伴い、コミュニティやサポートグループが形成され、マニュアル本や雑誌、ポリアモリー専門のラジオ局、カウンセラーや弁護士なども登場している。日本ではまだあまり知られていないが、ポリアモリーは一つのムーヴメントになりつつある。

では、どんな人たちが、なぜポリアモリーを選択し、いかに愛する人との関係を生きているのだろうか。本書の目的は、これらの問いに答えながら、ポリアモリーを紹介することである。


本書で扱う主な「語り」やデータは、計一四ヶ月にわたるアメリカでのフィールドワークから得られたものだ。フィールドワークでは、ポリアモリー実践者へのインタビューとポリアモリー・グループへの参与観察を行った。実際に渡米し、ポリアモリーのフィールドワークを開始したのは二〇〇八年の夏である。

ここで、わたしがはじめて「ポリアモリー」という出来事を目にしたときのエピソードを紹介しよう。

わたしはサンフランシスコの郊外で暮らすある夫婦の自宅を訪れていた。夫のブルースは大学に勤務し、妻のリンダはガーデニングショップで働いていた。二人は結婚して二九年、ポリアモリーを実践して八年が経過していた。

インタビューを行うために訪問したわたしは、二人のなれそめ、ポリアモリーに至った経緯、現在の状況を伺った。わたしが二人になにか訊ねると、話好きのリンダが闊達《かったつ》な調子で答えた。物静かなタイプのブルースはあまり口を開かなかったが、ときおり、ゆっくりと意志を込めて自分の考えを語った。

ちょうど二時間が過ぎた頃、玄関のチャイムと同時に女性の声がリビングに届いた。そして体格の良いブロンド女性が現れた。その女性は「これ、うちの庭でとれたレモンよ」といってリンダに紙袋を手渡した。談笑する二人の女性は、一見すると仲の良い姉妹か友人のようである。会話が落ち着くとリンダがわたしに彼女を紹介した。

「夫の恋人のマリーンよ。さっき話したでしょ?」

ブルースには交際して五年になる彼女がいる、と、数分前に話を聞いていた。しかしわたしの頭は混乱した。

しばらくして、ブルースが「そろそろ行こうか」といい、ソファから腰を上げた。ブルースとマリーンはこれからデートに出かけるらしい。リンダが玄関まで見送る。ブルースとリンダは抱擁《ハグ》し、「愛してる」といって離れた。次の瞬間、マリーンとリンダが「素敵な時間を」と声を掛け合った。リンダは車に乗り込む二人を穏やかな表情で見守っていた。そしてマリーンとブルースはどこかへ出かけていったのである。

事前にどれだけ情報を持っていようが、実際に目にしたときには驚きと衝撃がある。それらは「なぜ？」という問いに変わり、さらに新たな問いを生み出していく。

なぜ自分だけを見てほしいと思わないのか？　なぜ他の人を愛していると知りながら、うまく関係を築いていけるのか？　彼らには一体どんな絆があるのか？

ポリアモリー実践者はわたしの疑問に丁寧に答えてくれる。けれども、頭では理解できても腑《ふ》に落ちない。これがはじめてフィールドワークを行ったときの正直な感想だった。

二〇一一〜一二年にロサンゼルスで行った約一〇ヶ月のフィールドワークでは、数名のポリアモリー実践者と定期的に会うように努めた。より正確にいえば、ポリアモリーを実践する友人に恵まれたのである。食事をしたり、自宅や職場にお邪魔したり、行事を一緒に祝った。彼らの仕事の愚痴やのろけ話を聞くこともあれば、わたしの相談に乗ってもらうこともあった。彼らが喧嘩をする場面も、互いに思いやる姿も目にした。

ポリアモリー実践者の日常に触れることは、彼らの倫理観や考え方に触れることでもある。次第に、ポリアモリーのマニュアル本に書かれていることと、ポリアモリー実践者がわたしの疑問に答える際の「説明」と、わたしが実際に目にしている彼らのやりとりと、彼らの笑い声やため息とが繋がっていくような感覚を覚えた。いつしか「誠実な複数愛」という言葉は、彼らの喜びや悲しみ、葛藤や不安、希望や願望の全てが集約されたものとして、わたしの目の前に現れていた。

本書では、ポリアモリーを実践する人びとのリアルな状況や声とともに、彼らの考え方や独自の倫理を伝えていければと思う。

現在（二〇一五年）、日本でポリアモリーという言葉を知っている人はまだ少ない。それは日本語で読めるポリアモリー文献やサイトがあまりないことに起因している。とはいえ、わたしがポリアモリー研究に着手した八年前（二〇〇七年）に比べると、ポリアモリーという言葉を耳にしたり目にする機会は増えてきたように思う。

先日も友人宅で開かれたホームパーティーで「ポリアモリー」という言葉を偶然耳にした。交際状況を訊ねられた三〇代の男性が「僕はポリアモリーだよ」といっていたのである。その男性に詳しく話を聞いてみると、二人の彼女がいて、彼なりに彼女たちを「誠実」に愛しているが、その状況は特に伝えていない、という。わたしにいわせれば、それは「ポリアモリー」ではなく、「彼なりに誠実な二股」である。

わたしは隠れて行われる「二股」「三股」や「浮気」や「不倫」が悪いといいたいわけではない。それも一つの愛のかたちだし、そもそも他人の愛について善悪を判断する権利は誰にもないというのがわたしの持論だ。ただ、自分に都合がいいようにだけ「ポリアモリー」という言葉を使用してほしくない、という強い思いがある。それはわたしが出会ってきたアメリカのポリアモリー実践者たちの努力や取り組みを踏みにじってしまうことになりかねないからだ。本書はそのような思いを出発点としている。

本書の事例やフィールド・エッセイに登場する人物の名前は、個人の特定を避けるために仮名を使用している。同様の理由から、エスニシティの記載をしていない。ただし、記載許可を得ている数名の人物に限り、実名やエスニシティを記載している。

また、本書では便宜上、「男性」「女性」という言葉を使っているが、本来人間の性はたった二つの枠に収まるようなものではないとわたしは考える。

1

ポリアモリーとは？

父が母に対する愛情はたしかに独特であった。恋愛とか、単なる感覚的なものではなかったようだ。父は当時、人にいった。「俺はかの子を単なる女房として愛しているのではない。俺の彼女に対する愛情は、もっとずっと深くて大きいものだ。」と。

——岡本太郎

ポリアモリー（polyamory）という語は一九九〇年代初頭にアメリカでつくられた造語であり、ギリシア語の「複数」（poly）とラテン語の「愛」（amor）に由来する。『オックスフォード英語辞典』では、ポリアモリーを「同時に複数のパートナーと感情的に深く関わる親密な関係を築く実践。全てのパートナーの合意に基づいて、性的なパートナーを同時に二人以上持つ実践」と定義している。

しかし、「ポリアモリー」の定義は一通りではなく、マニュアル本やポリアモリー・グループによってさまざまである。定義するのが難しい、ということもポリアモリーの特徴の一つである。本章では、さまざまなポリアモリー定義を並べ上げるのではなく、いくつかの素材を用いながらポリアモリーのイメージを伝えていきたい。

三角形を生きる

まず、わたしをポリアモリー研究に誘《いざな》った小説、江國香織《えくにかおり》の『きらきらひかる』を取り上げよう。

この小説は、アルコール中毒の笑子《しょうこ》、笑子の夫で同性愛者の睦月《むつき》、睦月の恋人の紺《こん》、が織りなす恋愛小説である。笑子と睦月はお互い恋人を持つことに関して合意の上で結婚した。このような結婚は「オープン・マリッジ」と呼ばれ、ポリアモリーの一形態である。

物語は笑子と睦月が結婚をして一〇日過ぎた頃からはじまる。はじめは笑子と紺には面識がない。笑子は睦月の語りを通して、夫の恋人である紺について理解していく。そして、笑子と紺が実際に顔を合わせてからは二人の感情の交流がはじまり、三人は睦月を頂点とする三角関係に入っていく。三角関係とは、一人の人物が二人の人物と恋愛関係にあり、その二人が知り合いである場合の恋愛形態を指す［吉本 二〇〇四］。

通常、三角関係を描いた多くの小説は、同じ人物を愛する者同士が決着に向けて争うというシナリオである。あるいは、夏目漱石の『こころ』を取り上げながら吉本隆明が指摘するように、三角関係は「三者三様にぎりぎりのところに追い詰められ、みんなが自滅するか、一人が消え去るしかない」［吉本 二〇〇四］。

しかし、『きらきらひかる』では、三角関係をなんとか維持しようと互いに思いやる三人の姿が描かれている。「たまには紺くんと会った方がよくない?」「きっと淋しがってるわ」と夫の恋人の心配をする妻の笑子。笑子と自分の恋人の関係がうまくいくように気にかける紺。そして、複雑な思いを抱えながらも、自分なりの誠実さを持って笑子と紺の両者と関係を築いていく睦月。それぞれの配慮は、互いの絆を深めるために働くこともあれば、意図せず相手を傷つけてしまうこともある。三人は葛藤しながらも懸命に三角関係を生きようとする。では、彼らはなぜ、三角関係に拘《こだわ》るのだろうか。

笑子を例に挙げよう。彼女が三角関係を維持したいと願うのは、「睦月との生活を守りたい」からに他ならない。だが次第に、三角関係そのものが、笑子にとって大切なものになっていく。

たとえば、親族会議において睦月が笑子の親に「君はその、何とかいう恋人と別れるんだろうね」と問いただされると、横から笑子が「睦月がもし紺くんと別れたら（中略）そしたら私も睦月と別れるわ」といって親族を啞然《あぜん》とさせる場面がある。また、友人の医師に人工授精の相談をしに行った笑子は、睦月の精子と紺くんの精子をあらかじめ試験管でまぜ、授精することは可能かと尋ね、医師を驚愕《きょうがく》させる。そうすればみんなの子供になると考えた、と笑子はいう。これら笑子の発言や行動から、紺を単に「愛する人の恋人」としているのではなく、自分にとっても欠かせない存在としていることが読み取れる。

この小説では、笑子と睦月はセックスレスという設定だが、笑子が睦月を愛していることはさまざまなシーンに現れている。三人の関係がこじれてしまったと感じた笑子は、どうして睦月を好きになんかなったんだろうと自問する。あるいは、紺が笑子に「僕は男が好きなわけじゃないよ。睦月が好きなんだ」というと、笑子は「ふうん」といいながら胸をざわつかせ、それじゃあ私とおんなじだと心の中で思っている。

性的な関係がないとはいえ、笑子と睦月は互いを特別な人とし、愛の関係を築いている。そして、三角の底辺を構成する笑子と紺もまた、性を介してはいないものの、独特な愛の関係を築いている。『きらきらひかる』では、まさにポリアモリーの世界が描かれているのである。


わたしがこの小説に出会ったのは高校二年生のときだった。その頃わたしは、当時交際していた彼と二人だけの世界を築くことに夢中になっていた。〈一対一〉の愛が唯一「正しい」愛のかたちだと信じていたし、彼の女友達ですら邪魔者だと感じていた。

そんなわたしにとって『きらきらひかる』の世界は異質であった。とりわけ、笑子と紺の関係のように、愛する人を共有しながら互いに思いやるような関係は、不思議で奇妙なものに映った。

こんな愛の世界、現実にあるのだろうか。

今思えば、この驚きと疑問こそが、ポリアモリー研究をはじめた原点となっている。

そして一〇年後。わたしは複数愛を生きる人たちと実際に出会い、親交を深めていくことになったのである。

あなたにとってポリアモリーとは？

では、現実世界でポリアモリーを実践している人びとは、自分たちの愛のかたちをどう捉えているのだろうか。「あなたにとってポリアモリーとはなんですか？」という質問に対する彼らの答えを参照してみよう。

「ポリアモリー」を表象する際に頻出するワードは、「オープン」「合意」「責任」「誠実」「自由」「協力」「コミュニケーション」「信頼」「尊敬」「感情」「持続的」である。反対に、否定や打ち消しを伴うワードは、「(愛する人に隠れてする)浮気」「嘘や隠しごと」「束縛」「身体のみの関係」「一時的な関係」である。

これらのワードはポリアモリーのいくつかの側面や特徴を表している。ポリアモリーの根底に流れる思考や哲学は本書全体を通して伝えていく予定だが、ここではポリアモリーを特徴づける四つの側面について触れておきたい。

①合意に基づくオープンな関係

繰り返しになるが、ポリアモリーは自分の交際状況をオープンにし、合意の上で築かれる複数愛である。モノガミー社会において「あなた以外に愛する人がいます」という言葉は、二人の関係に未来がないことを暗に意味する。この言葉は、たいていの場合、交際する意志のないとき、関係を終わらせたいとき、あるいは、関係が終了することを覚悟しているときに伝えられる。

また、モノガミー社会において、パートナー以外の人との関係（「浮気」や「不倫」）を自らすすんでパートナーに告白する人は少ないだろう。それは面倒を避けるためであったり、パートナーを傷つけたくないという配慮やパートナーに捨てられることへの不安からかもしれない。

他方、ポリアモリーは「あなた以外に愛する人がいます（愛する人が現れる可能性もあります）」とパートナーに告白することからはじまる愛ともいえる。ポリアモリー実践者は愛する人に嘘をつくべきではないと考える。むしろ、大切な存在だからこそ、他の人を愛している状況、すなわち「ありのままの自分」を伝えたい。そしてパートナーにもそうであってほしいという。このような考えや願望がポリアモリーの条件である「オープン（開かれた関係)」の根底にあるのである。

②身体的・感情的に深く関わり合う持続的な関係

オープンな複数愛であるポリアモリーを、性的な関係を複数の人と持つことへのいいわけと考える人もいるかもしれない。ポリアモリー実践者が「感情的な繋がり」を強調するのは、自分たちが単に性的な関係を目的としているわけではない点を主張するためである。ポリアモリー実践者は、パートナーを交換してセックスをするスワッピング・グループと自分たちを差別化している（ポリアモリーとスワッピングの違いについては第8章で詳述）。

ポリアモリーとは、あくまで自分の愛する特定の複数の人と親密な関係を築くことであり、そこでは持続的な関係が目指されている。実際、複数のパートナーとともに家族を形成するポリアモリー実践者は少なくない（家族については第9章を参照）。

③所有しない愛

パートナーに対し「自分だけを見てほしい」と願ったことはないだろうか。排他的な愛を前提とするモノガミー社会では、束縛を当然と見なすカップルやパートナーを所有する権利があると考える夫婦は少なくない。

他方、多くのポリアモリー実践者は「パートナーになること」と「所有すること」は異なると考える。さらには、パートナーを所有しようとする行為には、互いの成長を邪魔する危険があるという（第6章で詳述）。

また、所有しない愛という側面は、愛を無限とするポリアモリーの思想とも関わっている。ある実践者の説明を例に挙げよう。「二人の子供がいる親が、一人の子供を持つ親より愛情を注いでいないとはいえないだろう。愛は人数によって分割されるものでも、有限なものでもない」。つまり、愛は無限だからこそ、排他性に拘る必要はなく、互いを束縛する意味もないのである。

④結婚制度に囚われない自らの意志と選択による愛

「複数愛」と聞いて、一夫多妻制《ポリジニー》や一妻多夫制《ポリアンドリー》などの複婚《ポリガミー》を思い浮かべる人は多いだろう。もし一夫多妻制の国で生まれ育てば、一人の男性に複数の妻がいる状況はなんら不思議ではない。父にも友人にも複数の妻がいて、いずれ自分もそうすることだろう。

他方、ポリアモリーは一夫一婦制のアメリカで誕生した性愛スタイルである。ポリアモリー実践者は〈一対一〉の性愛を自明とする社会において、あえて複数愛を生きている。つまり、ポリアモリーには「社会規範に囚《とら》われない愛」「自らの意志と選択に基づく愛」という側面がある。

とはいえ、ポリアモリーは一夫一婦制に対峙するものではない。ポリアモリー実践者は〈一対一〉の関係を否定することもなければ、「自分たちの愛のかたちが唯一正しい」と主張することもない。

彼らの強調点は「社会規範や婚姻制度を漫然と受け入れるのではなく、自分の意思で付き合う相手の人数を決めることが大切だ」ということである［アナポール　二〇〇四］。

岡本一平と岡本かの子

さて、日本において一夫一婦制が確立したのは、一八九八年の民法によってである。ここで、〈一対一〉の性愛倫理を主流とする近代日本において、合意のある複数愛を実践していた夫婦のエピソードを紹介したい。岡本太郎の父母である岡本一平と岡本かの子である。

一平とかの子は一九一〇年に結婚し、翌年、長男太郎に恵まれる。その頃、一平は放浪生活をはじめるようになり、かの子は一平の放浪により精神不安定になっていく。そんな中、かの子は茂雄という学生と恋に落ち、性的関係を持つようになる。

しかし茂雄は、かの子の妹とも関係を持っていた。その事実を知ったかの子は、さらに精神不安定となり、入院までしてしまう。かの子の状況を把握した一平は、なんと茂雄を自分たちの家に同居させることを提案した。これが、一平とかの子のオープン・マリッジのはじまりである。その後、かの子と茂雄は破局を迎えるが、一平とかの子のオープン・マリッジはつづいていく。

一九二四年、かの子は大学病院の医師である亀三と恋に落ち、亀三は一九二八年から岡本家に同居する。かの子に熱をあげていた亀三は、「奥さんを下さい。ぼくは奥さんと正式に結婚します」と一平に申し出た。亀三の言葉を受け、一平は自分の思いをこのように伝えている。

「かの子をぼくから奪わないでくれ。(中略)ぼくにとってはかの子は生活の支柱だ。いのちだ。(中略)世間の道徳や、世間の批難など問題じゃない。きみたちがどんなことをしてもいい。ただ、かの子をぼくの生活から奪い去ることだけは許してくれ」

このエピソードからわかるように、一平は自分以外の者を愛するかの子をかけがえのない存在としており、他方、かの子も茂雄や亀三が現れても、夫である一平との関係を絶つことはなかった。こうした両親の愛について子供である岡本太郎は次のように述懐する。［瀬戸内 一九七四］

父が母に対する愛情はたしかに独特であった。恋愛とか、単なる感覚的なものではなかったようだ。父は当時、人にいった。

「俺はかの子を単なる女房として愛しているのではない。俺の彼女に対する愛情は、もっとずっと深くて大きいものだ。」と。［岡本 一九九五］

太郎は「私は、あれほど純粋に、〝いのち〟いっぱいに生ききった人間をほかに知らない。／二人とも。／私はそういう真の人間とともに生きたことを誇りに思う」と両親の生き方を懐古《かいこ》している［岡本 一九九五］。

ポリアモリーのかたち

本章で紹介した『きらきらひかる』の笑子と睦月、岡本一平とかの子は、「オープン・マリッジ」の事例であった。ポリアモリーには「オープン・マリッジ」のほか、さまざまなかたちがある。以下では、ポリアモリーのかたちを紹介したい。その前に、ポリアモリー独自のパートナー区分から説明しよう。

インタビューを行っていると、「彼はわたしのプライマリーで、こちらはわたしのセカンダリーよ」と紹介されることがある。「プライマリー *primary*（第一パートナー）」、「セカンダリー *secondary*（第二パートナー）」という語は、ポリアモリー実践者が創造した用語である。ポリアモリーのバイブルと呼ばれるマニュアル本、『ポリアモリー——恋愛革命』を参照してみよう［アナポール 二〇〇四］。

「**第一パートナー**」は、法的な繋がりの有無にかかわらず、長期的に深く関わり合うパートナーを指す。たいていの場合は同居し、金銭や子育てをシェアしながら「家族」として互いを認識している関係である。

「第二パートナー」は、長期的に深く関わり合う間柄だが、住居、金銭などは別にするパートナーを指す。

「第三パートナー」は、デートをする間柄だが、日常生活で頼り合う仲ではないパートナーを指す。

このパートナー区分は親密度を表したものである。したがって、第一パートナーが二人いる場合や、第二パートナーだけが複数いる場合もある。こうしたパートナー区分を設けることに関し、ポリアモリー実践者の間でも賛否両論があるが、「第一パートナー」や「第二パートナー」というポリアモリー用語は流通している状況である。

このパートナー区分には「第一パートナー」同士の関係を保護する役割がある。基本的に「第一パートナー」は「第二パートナー」に対して優先権を持っている。もし自分が「第二パートナー」としてどこかの関係に加わる場合は、「第二パートナー」であるという自覚のもとに行動することが求められる。逆に、自分が「第一パートナー」の他に「第二パートナー」と交際する際には、優先順位を間違わずに意識的に行動する必要がある。

この「第一パートナー」や「第二パートナー」によってさまざまなポリアモリーのかたちがつくられる。ポリアモリーのかたちは、マニュアル本によってさまざまに分類されているが、ここでは先の『ポリアモリー――恋愛革命』と*More Than Two* における分類を参照しながら、実際にポリアモリー実践者によく使われている代表的なものを紹介する。

A　オープン・マリッジ　*open marriage*

夫婦間以外で性的関係を持つことに対し、両者が合意している結婚のかたち。「貞節」＝〈一対一〉と考えない結婚。「オープン・マリッジ」はモノガミーではない人びとの結婚を包括する語であり、ポリアモリーだけでなくスワッピング実践者の結婚も含み得る。

B　オープン・リレーションシップ（オープン・カップル）　*open relationship (open couple)*

性愛パートナーを互いに限定しない、と両者で合意ができているカップルによる性愛スタイル。

C　グループ・マリッジ　*group marriage*

三人以上の者たちが結婚と似た形式で暮らすスタイル。

D　ポリフィデリティ（複数の貞節）　*polyfidelity*

性的関係をグループ内に限定することを約束した、三人以上の第一パートナーからなる性愛スタイル。新しく誰かが加わる際には、グループ全員の合意がなければいけない。

〈 ポリアモリーのかたちの例 〉

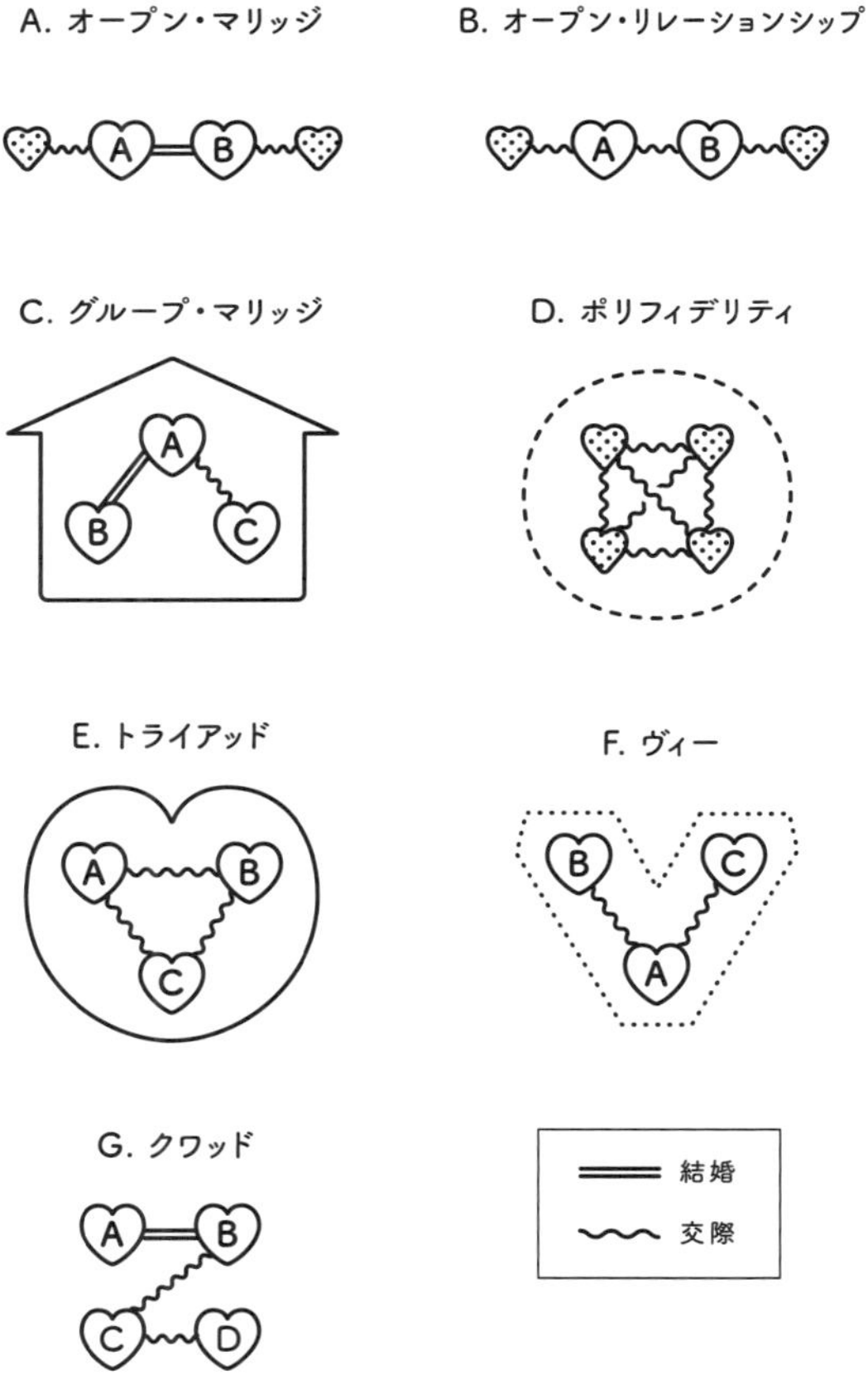

※各ポリアモリーのかたちのうち一例を示した

E　トライアッド　*Triad*

三人からなる性愛スタイル。全員が第一パートナー関係、全員が第二パートナー関係、二つの第一パートナー関係と一つの第二パートナー関係の場合がある。多くの場合が、同性のバイセクシュアル二人とその反対の性の異性愛者によるパターン。

F　ヴィー　Vee

三人からなる性愛スタイル。一人の人物に二人のパートナーがいて、その二人に性愛関係がないパターン。かたちがVであることからヴィーと呼ばれる。二人の間にいる人物は「ピヴォット」と呼ばれる。ごく稀ではあるが、ヴィーをトライアッドの一つとするマニュアル本もある。

G　クワッド　*Quad*

四人からなる性愛スタイル。全員がパートナー関係にある場合もない場合もある。たとえば、二組の夫婦やカップルからなるパターンや一人に三人のパートナーがいるパターンがある。

ポリアモリーとは、これら全てのかたちを含んだ愛の総称である。

2

ポリアモリー・ムーヴメント

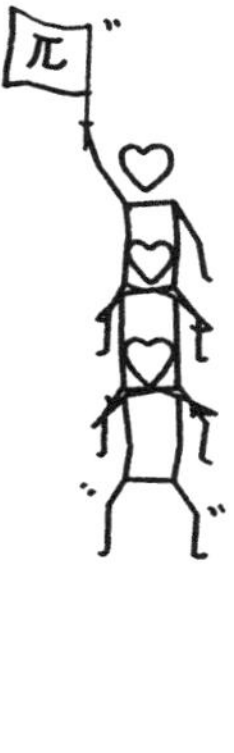

I don’t really see why can’t we go on as three

—— David Crosby “Triad”

「責任あるノン・モノガミー」

ポリアモリー・ムーヴメントが本格的に動きはじめたのは一九九〇年代初頭である。この時期、〈一対一〉に囚われない「責任あるノン・モノガミー」を探求する人びとの会議が頻繁に開かれるようになる。以下では、当時開催されていた会議に出席していたというスーザン（女性、六〇代）の語りを紹介しながら、彼女たちが置かれていた状況や会議の様子を見てみたい。

一九九〇年代初頭。当時、四〇代だったスーザンは二人の夫とともにロサンゼルスで暮らしていた。彼らはノン・モノガミーを実践していることを徹底的に隠し、職場や近隣の人とは距離を置いて付き合っていた。それは非難や中傷から身を守り、三人で静かに暮らすためである。人と関わるのを好む三人ではあったが、八〇年代後半から九〇年代初頭にかけ、彼らの家を訪問するゲストはほとんどいなかったようだ。

かつてスーザンの周りには、〈一対一〉に囚われない愛をともに探求する仲間たちがいた。しかし、彼らはみな「結局、〈一対一〉がよさそうだ」「あの頃は若かったから」「君たちは奇跡的だよ」といい残し、一夫一婦制に戻っていった。「タイム」誌が「性革命」

の終結を宣言した一九八四年頃には、自分たちと同じように複数愛を実践する友人は二グループしかいなかったという。

たしかに自分の選択した道を歩んではいるが、自分たちだけが取り残されてしまった。正直なところ、スーザンは孤独や暗澹《あんたん》たる思いを抱えていた。彼女が責任あるノン・モノガミー主義者の会議について知ったのは、一九九〇年代に入ってからだった。

「あんなに自分たちと同じような生活をしている人がいるなんて驚いた。みんな隠れていたのね。（中略）会場には性革命の頃に参加していた集いとは違う雰囲気が充満していた。みんな自分たちがより良く生きて行くための方法を冷静に探している様子だった。ずいぶん遠くから来ている人もいたわ。みんな仲間を探し、ネットワークを求めていた」

一九九四年、彼らの願いは一つのかたちとなった。責任あるノン・モノガミー主義者の非営利団体「ラヴィング・モア」が設立され、彼らを繋げるネットワークの礎《いしずえ》ができたのである。そして一九九五年、ラヴィング・モアの会議において、自分たちの愛を表現する言葉として「ポリアモリー」を採用することが決定した。以来、「ポリアモリー」という名のもとに本格的にムーヴメントが動きだしたのである。

ポリアモリー・ムーヴメントの舞台背景

もしかしたら、アメリカに対し性に奔放で寛容な国という印象を持っている人もいるかもしれない。

しかし、アメリカはキリスト教国。キリスト教において、性は夫婦間に閉じられるべきものであり、結婚は〈一対一〉の関係において互いに忠実であるべきものである。こうしたキリスト教の性愛倫理に照らすと、ポリアモリーは「正しい」愛のかたちではない。本来、忌避《きひ》されるべきポリアモリーがアメリカで誕生した背景を理解するためには、アメリカの性の歴史を概観する必要がある。ここでは一七世紀の植民地期から性革命が終焉する一九八〇年代までに限定し、アメリカの性の歴史について簡単に触れておきたい。その際、アメリカ文化研究者の亀井俊介の著作を主に参照していく［亀井 一九八七、一九八九］。

アメリカの起源の一つは、一七世紀にヨーロッパから移住し、植民地を建設したピューリタンにある。当時のヨーロッパを堕落した世界と捉えていたピューリタンたちは、自分たちの理想の共同体を建設するため新大陸に赴いた。理想の社会をつくるためには、社会の核となる家族を理想的なものにする必要がある。そのためピューリタン社会では婚外交渉は厳しく罰せられ、姦通《かんつう》は死罪だった。快楽を戒め、厳格な性道徳を掲げていた彼らにとって、性的に堕落していないということは、自分たちが理想に近づいているか否かをはかる一つの指標になっていたのである。

一九世紀に入ると厳格な性道徳はさらに強く意識されるようになり、性衝動は抑圧すべきものという気風が社会に定着した。いわゆる「ヴィクトリアニズム」の到来である。ヴィクトリアニズムにおいて、人前で性的な関心を示すことや性について語ることはタブー視され、たとえ夫婦間であっても性の話題は慎むべきものとされていた。また、性関係を婚姻関係にのみ限定するヴィクトリアニズムは、同性愛を禁止し、法的規制を強化した。その他、妊娠中絶を禁止する法、売春を禁止する法、猥褻《わいせつ》な文書を取り締まる法など、性に対する法律が次々に導入され、性は抑圧されていったのである。

しかし、こうした潮流に対し正面から挑む人びともいた。たとえば、一九世紀中頃から後半に現れたフリー・ラヴ主義者たちである。フリー・ラヴ運動の提唱者の一人であるヴィクトリア・ウッドハルという女性は「社会的自由」という演説のなかで次のように主張している。

「私は誰でも愛したい人を愛し、自分に可能な限り愛し、逆に自分が望むなら毎日その愛を変えるという、奪うことのできない、本質的な、自然の権利をもっています！　そして、その権利には、あなたも、あなたの作るどんな法律も、なんら干渉する資格がないのです！」

［亀井 一九八九（演説「社会的自由」一八七一）］

驚いたことに、彼女はまだ婦人参政権のない一八七二年に大統領に立候補している。

また、理想的な性関係を求める一部の人びとにより、実験的な共同体が建設されている。その代表的なものは、一八四八年にニューヨーク州に設立された「オナイダ・コミュニティ」である。性のコミュニズムを目指すオナイダ・コミュニティでは、合意があれば不特定の相手との性交渉が許され、複合婚が採用されていた。

しかし、いうまでもなく、性の挑戦者たちは世間から激しく非難されていた。既存の性規範を脅《おびや》かす存在としてフリー・ラヴ主義者は社会から一掃され、オナイダ・コミュニティも一八八一年には解散している。この時期、一夫多妻を容認していたモルモン教も糾弾《きゅうだん》され、一八九〇年には一夫多妻制の廃止を余儀なくされている［鈴木 二〇〇六］。

二〇世紀に入り、性は少しずつ表舞台に現れてくるが、依然として家庭内に限定されるべきものだった。

しかし、一九六〇年代中頃から抑圧的な性の歴史に新たな兆しが現れる。「性の解放」を唱える人びとの先導により「性革命」と呼ばれる運動がはじまり、性をポジティヴに捉える風潮がアメリカに登場した。性革命が生じた背景には学生運動やフェミニズム、市民権運動の台頭やヴェトナム戦争などさまざまな社会的要因がある。また、経口避妊薬《ピル》の発明と普及も性革命の原動力となった。

性革命期、これまで猥褻な本とされ発禁であった小説やポルノグラフィーが次々と最高裁で無罪判決を勝ち取り、性表現の自由が拡大していく。文学作品や映画や歌のなかに性が現れ、ポルノやセックスのマニュアル本が氾濫《はんらん》した。当時、『ジョイ・オブ・セックス』というマニュアル本が何百万部も売れたという状況は、人びとが抑圧された性から解放へと向かう様子を物語っている。

また、性は夫婦間に閉じられるべきもの、というこれまでの性規範では考えられないような現象も現れた。たとえば、婚姻関係のない恋人同士がともに暮らす「同棲」、夫婦が合意の上で互いに恋人を持つ「オープン・マリッジ」、夫婦や恋人がパートナーを交換する「スワッピング」などである。また、既存の性規範に囚われないヒッピー・コミューンが次々と形成され、ノン・モノガミー実践者に対するサポートを目的とした支援機関も設立されている。

「性革命」はアメリカの性の歴史に多大なインパクトを与えた。しかし、短命だった。八〇年代に入ると性の探求者たちは表舞台から徐々に姿を消し、家庭崩壊を恐れた人びとは性道徳の再建を望みはじめる。さらに、伝統的な性道徳を守ろうとする保守派から性解放派に対する本格的な反撃がはじまっていく。一九八〇年代初頭に発見された「エイズ」も、こうしたバックラッシュに拍車をかけた要因となった。六〇年代から七〇年代にかけて興隆した「性革命」は後退し、人びとは保守的な性モラルを説くレーガン大統領とともに性的秩序の回復に向かっていったのである。

かなり足早にアメリカにおける性の歴史を概観したが、ここで示したかったことはアメリカの性に対する姿勢である。アメリカの性の歴史から明らかになったことは、アメリカには「性の抑圧」と「性の解放」という二つの側面があることである。亀井俊介は、一見すると相反するこの二つの側面に、ある一貫した精神が流れていることを指摘している

［亀井 一九八九］。それは「性の現実と真っ向から取り組む精神」、すなわち「性を直視する伝統」である。つまり、厳格な性規範を支持する人にも性の解放を希求する人にも、性の問題をうやむやにせず、きちんと向き合おうという姿勢が見られる。こうした「性を直視する伝統」のあるアメリカにおいて、ポリアモリー・ムーヴメントが現れたことは、不思議なことではないのである。

また、六〇年代から八〇年代までの流れを確認した上で、スーザンのエピソードを振り返ると、当時ノン・モノガミー主義者たちが置かれた状況がより鮮明になる。スーザンたちが「ひっそりと暮らしていた」八〇年代から九〇年代初頭は、性的保守派が勢力を巻き返していた時期である。しかし、以下で見ていくように、ポリアモリー・ムーヴメントの萌芽《ほうが》が見られるのは、まさにこの八〇年代なのである。

ラヴィング・モアの誕生

今日のポリアモリー・ムーヴメントで中心的な役割を担ってきたのは、ラヴィング・モアという組織である。米国でポリアモリストを自称する人であれば、ラヴィング・モアの存在を知らない人はいない、といっても過言ではないだろう。

そのラヴィング・モアを現在のかたちにしたのは、ライアム・ニアリングとデボラ・アナポールという二人の女性である。

一九八〇年代初頭、オレゴン州で二人の夫と暮らしていたニアリングは、「責任あるノン・モノガミー」のネットワークづくりを思い立ち、自分たちと同じような暮らしをしている人びとの情報収集を開始する。なかでも、性革命期に発足した「ケリスタ共同体」の倫理や生活に関する調査を独自に行った。ケリスタ共同体では性的関係をグループ内に限定したグループ・マリッジが実践されており、彼らは自分たちの性愛スタイルを「ポリフィデリティ（複数の貞節）」と呼んでいた。ニアリングは一九八四年に『ポリフィデリティ（*Polyfidelity*）』を出版し、同年、「ポリフィデリティ教育プロダクション」（以下PEP）という機関を設立する。

同じ頃、もう一人の女性、デボラ・アナポールもまた、全米のノン・モノガミー主義者たちを組織することを目指し動きはじめていた。彼女はワシントン大学で臨床心理学の博士号を取得した後、責任あるノン・モノガミー主義者への情報提供を目的とした「インティネット・リソース・センター」（以下IRC）を一九八四年に立ち上げる。とはいえ、八〇年代はIRCの活動はあまり活発でなかったようである。しかし、一九九二年にアナポールが『無制限の愛（*Love without Limits*）』を出版すると状況は変化し、停滞ぎみであったＩＲＣの活動が再稼働する。興味深いことに、この時期、ニアリングのＰＥＰも活発に動き出したのである。

二つの組織が同時期に盛り上がりを見せた背景には、インターネットの普及があった。これまで隠れていた責任あるノン・モノガミー主義者たちが、インターネットを使って情報を入手し、姿を現してきたのである。

一九九四年、今日のポリアモリー運動の鍵となる会議がペンシルヴェニア州で開かれる。この会議においてアナポールとニアリングの組織が統合することが決定し、責任あるノン・モノガミー運動を先導するための大組織が誕生した。それが現在のラヴィング・モアである。

拡大するポリアモリー・ムーヴメント

現在アメリカにはどれくらいのポリアモリー実践者がいるのだろうか。残念ながら正確な人数は把握できない状況だが、「ニューズウィークマガジン」（二〇〇九）では、約五〇万人のポリアモリー実践者がいると予測している。

ただ、確実にいえることは、ここ一〇年でポリアモリー・グループの数が急増しており、ポリアモリーに関心を持つ人が増えてきていることである。

コロラド州を例に挙げよう。一九九九年にコロラド州のある都市で開かれたポリアモリー・ディスカッション・ミーティングの参加者は、わずか三〇名であった。しかし、現在、同じ場所で毎週行われているミーティングには一〇〇人ちかくが参加している。

また、一九九九年にはコロラド州のオンライン上のポリアモリー・グループは一つしか存在せず、登録者は一〇〇人以下であった。現在同じグループの登録者は五〇〇人を超え、さらに一〇以上のグループが存在している［Trask 2011］。

オンライン・グループといえば、最近ではソーシャル・ネットワークを利用したポリアモリー・グループが増えてきている。なかでも「ミートアップ（Meetup）」というソーシャル・ネットワークには、多くのポリアモリー・グループが散見される。「ミートアップ」は、文字通り実際に集うことを目的としたオンライン上のグループであり、誰でも気軽にメンバーになることができ、ミーティングに参加することができる。次ページの表は、「ミートアップ」内にある、ポリアモリー・グループの一例である。

この表に記されている、各ポリアモリー・グループが設立された「年」に注目してほし

ミートアップ内のポリアモリーグループの一例

グループ名	都市、州	設立年	登録数 (2015年3月12日現在)
アトランタ ポリアモリー	アトランタ、GA	2010	1282
シカゴ ポリアモリー	シカゴ、IL	2008	1484
ニューヨーク/ニュージャージー ポリアモリー	ニューヨーク、NY	2006	1026
フィラデルフィア マインドフル ポリアモリー	フィラデルフィア、PA	2007	939
南カリフォルニア ポリアモリー	バーバンク、CA	2007	1045
ロサンゼルス ポリアモリー ネットワーク	ロサンゼルス、CA	2013	453

い。ここ一〇年の間に多くのポリアモリー・グループが誕生していることがわかるだろう。上記の表に記されたポリアモリー・グループは一例であり、たとえば、ロサンゼルス近郊には、「ロサンゼルス ポリアモリー ネットワーク」以外にも、いくつかのグループが存在している。

社会に存在をアピールする

とはいえ、アメリカにおいても、ポリアモリーはマイノリティである。アメリカで親しくなった人に「ポリアモリーって知ってる?」と尋ねたときの反応は、たいていの場合、首をかしげるか、眉をひそめるか、笑うか、のどれかであった。

このような状況から、ポリアモリー理念をより多くの人に伝えるための活動も行われている。たとえば、LGBT（レズビアン、ゲイ、バイセクシュアル、トランスジェンダー）の社会運動の場となっているプライドパレードでは、ポリアモリーの旗を揚《あ》げて行進するアクティヴィストたちの姿が見られる。

また、ポリアモリーの認知度を高めることを目的とした機関も増えつつある。たとえば、「ポリアモリー・メディア・アソシエーション」は、テレビや新聞、ラジオやインターネットなどのマスメディアとインタビュー可能なポリアモリストを繋げる役割などを担う機関である。

ポリアモリー・アクティヴィストたちは、メイン・ストリームに対して自分たちの存在をアピールするだけでなく、ポリアモリストに対してカミングアウトするよう呼びかけている。

二〇一二年の一月、「ポリアモリー」や「オープン・マリッジ」という言葉が世間の注目を集めた出来事が起こった。保守派の政治家であり、共和党に所属するニュート・ギングリッチ元下院議員の元妻が、離婚前に元夫がオープン・マリッジを申し出たことをテレビで告白したのである。

このスキャンダルの影響を受け、「オープン・マリッジ」はグーグル・ニュース・ランキングにランクインし、「ポリアモリーとはなにか?」といった類のタイトルがオンライン・ニュースやテレビを賑わせた。思いもかけず脚光を浴びる機会を得たポリアモリー実践者たちの間では、「自分たちの理念を正しく伝える良い機会として利用しよう」という声があがっていた。

また、リアリティ番組でポリアモリーが取り上げられる機会も増え、特集が組まれている。

アメリカにおいてポリアモリーは、マスメディアを通して少しずつ認知されはじめている状況である。

ポリアモリストの実情

以下では、ポリアモリー・ムーヴメントの参与者たちに着目していきたい。ここで問題となるのは、誰をポリアモリー・ムーヴメントの参与者とするのか?　ということである。第1章で述べた通り、ポリアモリーの定義は多様であり、マニュアル本によっては「ポリアモリー理念に共感する人や、自らの意志で〈一対一〉の関係を選択している人もポリアモリーに含める」とある。

しかし、自分の意志で〈一対一〉を選択するという〈ポリアモリー〉を含めると話が複雑になるため、本書では対象から外したい。これ以降、本書ではポリアモリー・ムーヴメントの参与者たちを、実際に複数愛を実践しているか否かにかかわらず、誠実な複数愛の可能性を信じ、自分の愛のかたちとして複数愛を選択している人、あるいは選択したいと考えている人、とする。そのような人びとは「ポリー」や「ポリアモリスト」と呼ばれるが、これ以降、本書では「ポリアモリスト」と呼んでいく。

ポリアモリストであっても常に複数の交際相手がいるとは限らない。たとえば、オープン・マリッジに挑戦することを決めた夫婦でも、交際したいと思う相手になかなか巡り合わず、結果的に〈一対一〉の関係を続けている人もいる。また、ポリアモリストを自認していても交際相手のいない「シングル・ポリアモリー」と呼ばれる人びとも存在する。では、実際のところ、ポリアモリストの交際・婚姻状況はどうなっているのだろうか。ポリアモリストに共通する特徴はあるのだろうか。

これらの問いを検討するうえで、二〇〇〇年にラヴィング・モアがポリアモリスト約一千人を対象に実施した「ポリアモリー調査」を主に参照していく。また、ラヴィング・モアは二〇一二年に約四千人のポリアモリストを対象にしたインターネット調査も行っている。必要に応じて二〇一二年のデータも参照する。

①ポリアモリストのパートナー状況

ポリアモリストのポリアモリー経験から確認しよう。「あなたはこれまでにポリアモリーを実践したことがありますか?」という質問に対し、「はい」八八%、「いいえ」一二%となっている。ここから、自らをポリアモリストとして認識し、ポリアモリー理念に賛同していても、実際にはポリアモリーを経験したことがない人たちがいることがわかる。

「現在、ポリアモリー関係にありますか?」という質問に対し、「はい」七三%、「いいえ」が二七%となっている。「いいえ」と答えた人たちは、〈一対一〉の関係を築いているポリアモリストか「シングル・ポリアモリー」であることが予測される。

②結婚とポリアモリー

ポリアモリストのうち結婚している人はどのくらいいるのだろうか。「現在、誰かと婚姻関係にありますか?」という質問に対し、「誰かと結婚している」四一%、「していない」が五三%、無回答が六%となっている。

ポリアモリストの結婚に対する意識は実にさまざまである。たとえば、トライアッドやグループ・マリッジを実践する人のなかには「三人で結婚したい」「二人を夫として承認してほしい」と願う人びともいる。

ちなみに、オランダでは二〇〇五年に一人の男性と二人の女性からなるトリオがはじめてシビル・ユニオンとして認められた。シビル・ユニオンとは、法的に承認されたパートナーシップを指し、結婚と同様の権利が与えられる。オランダの法律は重婚を禁止しているが、シビル・ユニオンでは三人のユニオンが認められたのである。アメリカにおいてシビル・ユニオンでポリアモリーが認められたケースはまだないが、ポリアモリストのなかには、「結婚と同様の権利を！」と叫ぶアクティヴィストもいる。

また、二〇一二年にブラジルのサンパウロ州において、一人の男性と二人の女性による届け出が受理され「三人婚」が公認された。この事例はポリアモリーの婚姻権利運動に影響を与えている。また、法律的な権利や地位が与えられなくとも、愛を誓い合う儀式である「コミットメント・セレモニー」や結婚式を挙げるケースもある。二〇一五年のバレンタインデーには、タイで三人の男性が結婚式を挙げ、話題となった。

他方、独身を貫くポリアモリストの姿も見られる。たとえば、「一夫一婦制度に反対のため結婚制度は利用しない」というアクティヴィストである。

しかし、このように婚姻に対して意識の高いポリアモリストばかりではないようだ。あるポリアモリー・グループのリーダーは、ポリアモリストの多くが、「ポリアモリー婚」ないし複婚の合法化に対してあまり関心を持っていない、と述べていた。このテーマについてポリアモリストの友人と話したときに、彼女はその理由を三つ挙げていた。第一に、そもそもポリアモリーの定義が曖昧なため、なにをもって「ポリアモリー婚」とするのか、ポリアモリストのなかで合意に達し得ないという問題。第二に、もし「ポリアモリー婚」ないし複婚が認められたとしても、誰を法的に保護し、しないのかを決定するのは難しいという問題。第三に、現実的な問題としてポリアモリーの婚姻運動を展開していくためには、莫大《ばくだい》な資金が必要になる。ポリアモリーはまだその準備が整っていない、という切実な問題。

現状からいえることは、多くのポリアモリストが現在の婚姻制度を利用しながら、ポリアモリーを実践しているということである。

ポリアモリストの特徴

図1：男性ポリアモリストの年齢分布

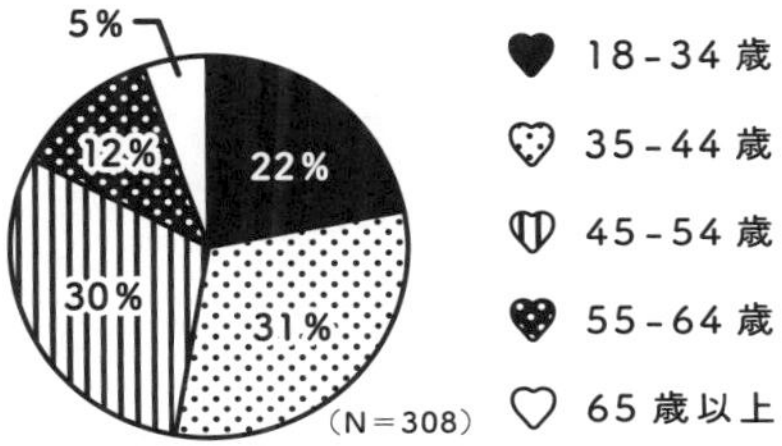

図2：女性ポリアモリストの年齢分布

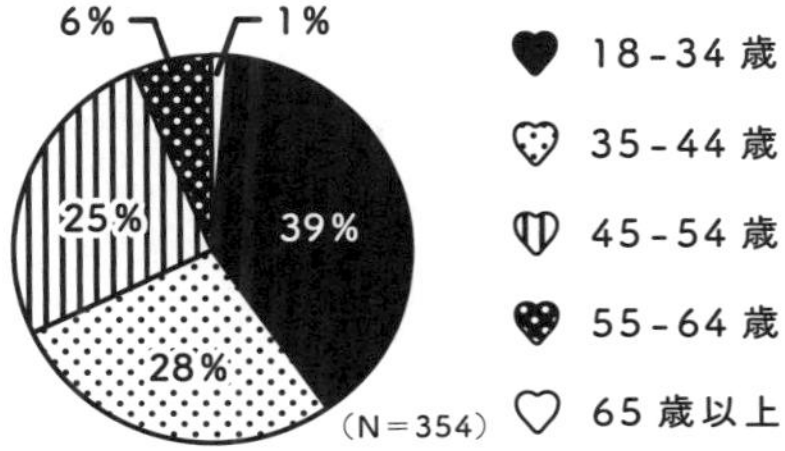

①年齢とジェンダー

ポリアモリストの年齢層を見てみよう。年齢層の分布をジェンダー別にしたものが図1と図2である。なお、小数点以下を四捨五入しているため、合計が一〇〇%にならない場合がある（以下同）。

二〇〇〇年の段階で、男性は三五歳から四四歳が三一%、四五歳から五四歳が三〇%、一八歳から三四歳が二二%となっていて年代層にあまり差異は見られない。他方、女性は一八歳から三四歳が三九%、三五歳から四四歳が二八%、四五歳から五四歳が二五%となっている。

二〇一一年にわたしは二つのポリアモリー・グループのミーティングに参加していた

のだが、どちらのグループも男性は五〇代、女性は四〇代が最も多かった。二〇一二年のインターネットを利用した調査には、一六歳から九二歳の人が参加しており、非常に幅広い年代の人がポリアモリー・ムーヴメントに参加していることがわかる。

図3：ポリアモリストのエスニシティ

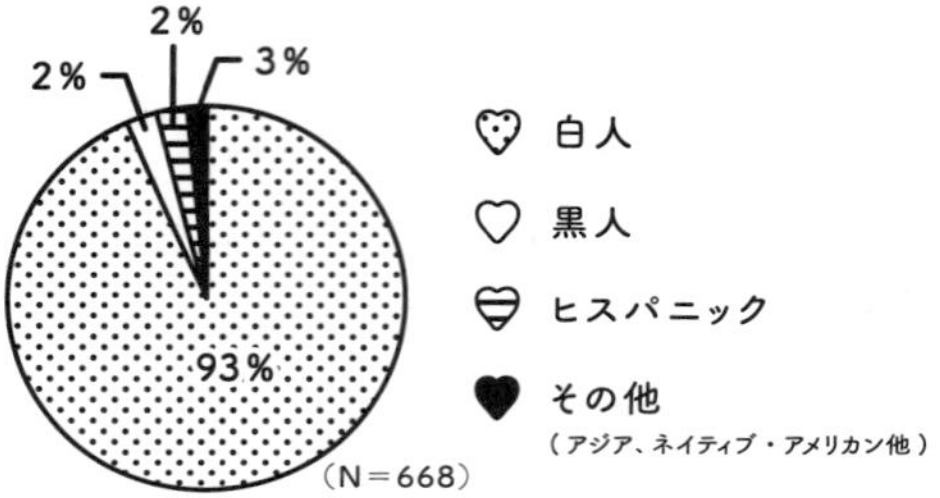

②エスニシティ

エスニシティに関しては、白人が九〇%以上を占めている（図3）。その他のポリアモリーに関する統計調査もまた、白人が九〇%以上となっており、ポリアモリストの多くが白人であることがわかる。

しかし、近年では「ブラック・ポリアモリー」や「アジアン・ポリアモリー」などのグループも登場し、また、ポリアモリーのミーティングで「ポリアモリー・グループにおける人種間協力」がトピックにあがることもある。これらの状況から、白人以外のポリアモリストが少しずつ増えてきていることが示唆される。

③階級

階級に関する質問では、自身を中産階級以上だと答えている人は七五％である。

④学歴

最終学歴に関して、三〇％が大学、四〇％の人が大学院と答えている。二〇一二年のインターネットを利用した調査でも、最終学歴が大学以上とする人は六二％となっている。

ここまでの特徴を一度整理しよう。これまで明らかになったポリアモリストの特徴は、白人、中産階級、高学歴、ということである。この三点はポリアモリーの特徴としてよくあげられる。

たしかに、わたしが出会ったポリアモリストの多くは、白人、中産階級、高学歴であった。ミーティングに行けば圧倒的に白人が多く、パーティーに行けばPh.D.（博士）がついている名刺をもらうことは少なくない。また、ポリアモリーのワークショップには一回一〇〇ドル以上のものもあり、それらは金銭的に余裕がある人を対象にしているように思われる。

しかし、フィールドワークをするなかで、白人、中産階級、高学歴に該当しないポリアモリストに出会ったことも事実である。これは、ポリアモリー現象が広がるにつれ、さまざまな入り口からポリアモリーに関心を持つ人が増えてきているからかもしれない。たとえば、BDSM（185ページ参照）やタントラ（155ページ、195ページ参照）、全裸で過ごすことを好む「ヌーディスト」のコミュニティ、フェミニズムやアートの世界からポリアモリーを知ったという人は少なくない。

⑤セクシュアリティ

つづいてセクシュアリティに関して見ていこう。驚くことに、五〇％以上の人が自身のセクシュアリティをバイセクシュアルと答えている。二〇一二年のインターネットを利用した調査では、セクシュアリティを訊ねる項目に代わって、この一年間に性関係を持ったパートナーのジェンダーを「同性（ゲイ／レズビアン）」「同性と異性（バイセクシュアル）」「異性（ヘテロセクシュアル）」から選択する質問を設けている。図4、5を参照してみると、男性ポリアモリストは異性とのみ性関係を持った人が多く七八％となっている。他方、女性ポリアモリストは、異性とのみ性関係を持った人が四八％、同性と異性と性関係を持った人は四六％になっている。

ちなみに、アメリカの一八歳から四四歳の人を対象にした米国疾病管理予防センター（CDC）の統計（二〇〇五）によると、バイセクシュアルは女性二・八％、男性一・八％である。この比率と比較すると、ポリアモリストのバイセクシュアル比率が非常に高いことがわかるだろう。

図4：この一年間に性関係を持ったパートナーのジェンダー（男性）

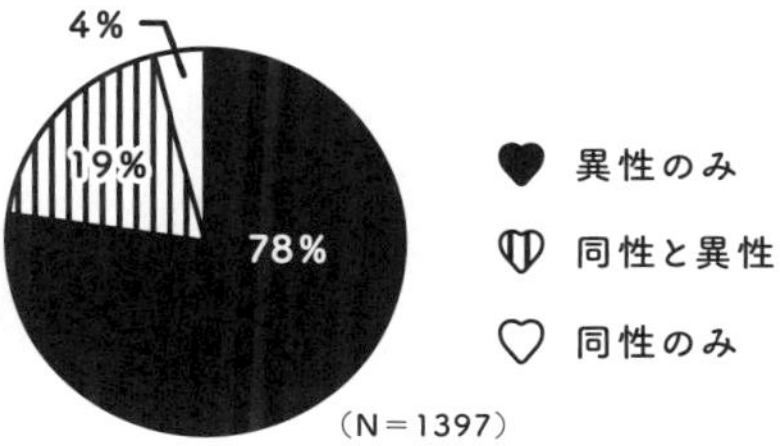

図5：この一年間に性関係を持ったパートナーのジェンダー（女性）

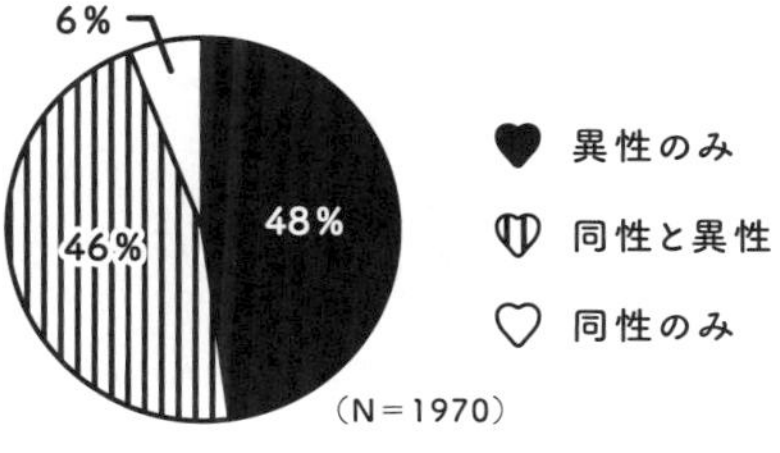

ポリアモリストにバイセクシュアルが多いということは、バイセクシュアルにポリアモリストが多いのだろうか？　いくつかのセクシュアリティ研究は、バイセクシュアルの人びとがポリアモリー的な関係を理想とする傾向がある点を指摘

している。たとえば、バイセクシュアル研究に携わるペイジは、二一七のバイセクシュアル・サンプルのうち三三%がポリアモリー的な関係を築いており、五四%がポリアモリー的な関係を理想的なかたちと答えていることを報告している［Page 2004］。

わたしがインタビューをした人のなかには、「もともとヘテロセクシュアルだったが、ポリアモリー実践をしているうちにバイセクシュアルであることに気がついた」という人もいた。ポリアモリーのワークショップのなかには、「あなたのバイセクシュアリティを探求しよう」と題されたものも開催されている。

⑥宗教

「複数愛」と聞くと、一夫多妻を容認していたモルモン教を思い浮かべる人は少なくないだろう。本章で述べたように、モルモンでは一八九〇年に一夫多妻を廃止している。モルモンの主流教会であるＬＤＳ教会は現在一夫多妻を容認しておらず、一夫多妻を行う者を破門にすると警告している。しかし、初期の教えに基づくべきだと考えるモルモン原理主義者のなかには、ＬＤＳ教会を離れ、一夫多妻を営んでいる人びとがいる。一夫多妻的な形態はポリアモリーのなかにも見受けられるが、モルモン原理主義者たちをポリアモリーとするか否かは、ポリアモリストによって意見が異なるようである。

　ポリアモリストの宗教を見てみよう。図6から、ペイガン（三〇％）、無宗教（二九％）、キリスト教（二八％）と分布しているのがわかるだろう。

　全体の約三分の一を占めているペイガンに注目してみたい。ペイガンは「異教徒」を意味し、キリスト教以前の多神教の信仰や自然崇拝を特徴とする。一九六〇年以降アメリカではペイガンが急増し、ネオペイガニズムが興隆した。一九六二年には、法律的に認められたペイガンの宗教団体、「全世界教会（Church of All Worlds）」が設立されている。

図6：ポリアモリストの現在の宗教

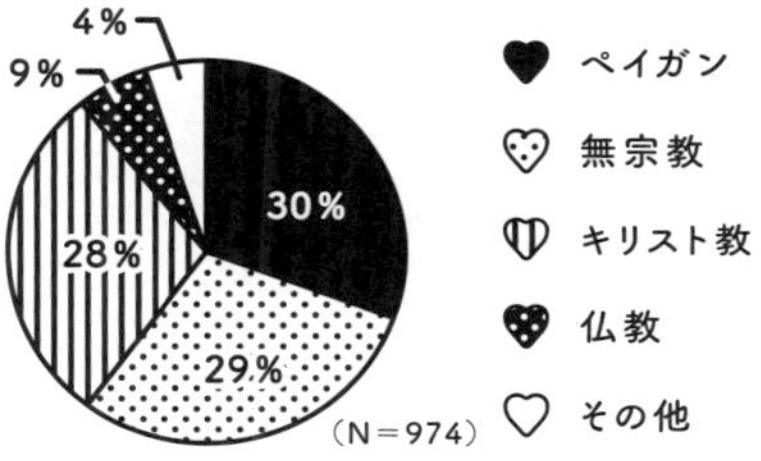

図7：ポリアモリストの生まれ育った宗教

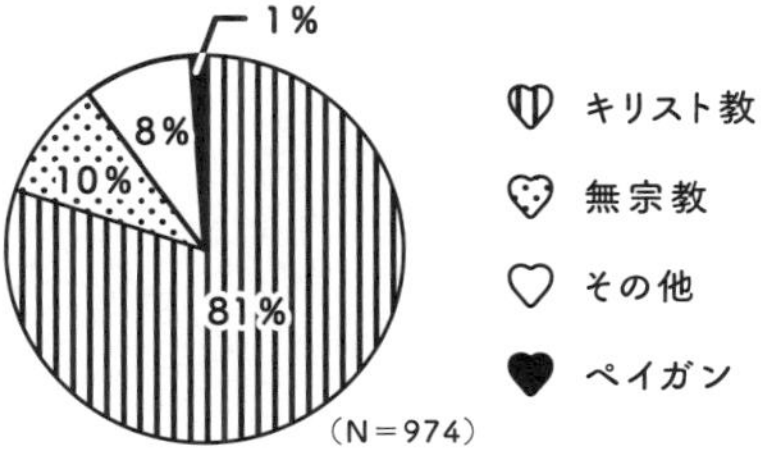

　ペイガン・ポリアモリストのなかでも、自身を「ウィッカン」とする人びとがいる。ウィッカンとは、ペイガンの

なかでも女神崇拝をする人びとのことである。ちなみに、ウィッカンの倫理は「誰も害さない限りにおいて、望むことを行え」というものであり、ポリアモリーと相性が良いことが予測できる。

さて、図6と図7とを比較すると、改宗経験のある人が多いことがわかる。特に、ペイガンに改宗した人が際立っている。しかし、ポリアモリストになってからペイガンに改宗したのか、ペイガンに改宗してからポリアモリストになったのか、という点は明らかでない。

SF小説とポリアモリーの関係

ポリアモリストたちがポリアモリーを知ったきっかけは何だろう？「人生ではじめてポリアモリー的な関係について知ったきっかけは？」という問いに対し、多い順番に、文献（二七％）、友人から（二六％）、インターネット（二一％）となっている。文献といってもポリアモリーのマニュアル本ではなく、SF小説が第一位になっている点は興味深い。

実はポリアモリーとSF小説には深い関係がある。ポリアモリストの間でとりわけ有名なSF作家は、ロバート・ハインラインだ。彼の小説の特徴は、既存の社会規範に疑問を呈《てい》し、オルタナティヴな性愛関係や家族を描く点にある。ハインライン自身もオープン・マリッジを実践していたようである。

ハインラインの『異星の客（*Stranger in a Strange Land*）』（邦訳一九六九）は、宗教やポリアモリー的な関係を扱った作品である。ストーリーを簡潔に述べると、火星人に育てられた地球人の男が、地球に帰って友人や恋人をつくりながら自分とは異なる地球人の思想を理解し、火星人の思想が反映された独自の宗教を開いていく、というあらすじである。この小説は「ヒッピーの聖典《バイブル》」と呼ばれ、当時の社会に多大な影響を与えた。驚いたことに、『異星の客』の熱狂的信者たちによって宗教団体まで創設されている。その宗教団体というのが、先に述べたペイガンの全世界教会なのである。

「ポリアモリー」という語をはじめて使用した人物に関しては諸説あるが、有力な説の一つに全世界教会の創始者であるモーニング夫妻という説がある。

また、ハインライン以外でポリアモリーに影響を与えた代表的なSF作家として、『ハラード実験』の著者ロバート・リマーが挙げられる。彼自身、ポリアモリストであり、ラヴィング・モアの会議でプレゼンテーションするなど、ポリアモリー運動にダイレクトに関与した人物でもある。

このようにポリアモリーとSF小説は切り離せない。しかし、現在はSF小説や対抗《カウンター》・文化《カルチャー》と全く関係のないところから、ポリアモリーに関心を持つ人びとが増えてきている。では、どのような経緯で人びとはポリアモリストになったのだろう？　次章では、人びとがポリアモリーを選択した背景を見ていきたい。

3

わたしがポリアモリストになった理由

わしにとっては心のある道を旅することだけしかない、どんな道にせよ心のある道をだ。そこをわしは旅する、そしてその端までたどりつくのが唯一価値あることなのだ。その道を目をみはって、目を見はって、息もせずに旅して行くのだ。

——カルロス・カスタネダ

複数の人を同時に〈誠実〉に愛する人びと。

と聞いて、どんな人物像を想像するだろうか。

魅力的で複数の人からアプローチをうけ、「パートナーを一人に絞ることができない」という贅沢な悩みを抱えた人。「多くの人と真剣に性愛関係を築きたい」と願う恋愛至上主義者。

もちろん、ポリアモリストのなかには、そのような人びともいる。しかし、そのような人びとばかりでもない。

ではどんな人物がポリアモリーを選択しているのだろうか。たとえば、元妻からの過剰な束縛や、元夫から受けたDV経験をポリアモリーに関心を持った背景として語る人もいる。本章では人びとがポリアモリストになった理由や背景を具体的なエピソードから見ていきたい。

愛は無限大

グレン（男性、五〇代）は「ジェントルマン」という言葉がぴったりの男性だ。きちっとした身なりに、整えられた髪。食事に気をつけているせいか肌艶《はだつや》も良く、実年齢より一〇歳は若く見える。彼は几帳面《きちょうめん》な性格で、それはメールのやりとりや車や部屋の中にも表れていた。グレンは消防署に勤務しており、消防隊員の健康管理をする仕事をしている。

グレンにとって大切なのは、なによりもまず、一〇歳になる愛息子ダニエルの存在である。ダニエルの写真は、職場のデスクにも自宅のリビングにも飾られている。そして、近所で一人暮らしをしている父。八歳年下の交際相手、エマ。ケイトという高校の同級生。この三人は彼の生活に欠かせない。また、SF小説も重要な位置を占めている。彼はSF小説愛好家であるだけでなく、自分でSF小説を執筆し、出版している。グレンとSF小説の関係は、グレンとポリアモリーの関係に密接に関連している。

高校生のとき、グレンはロバート・ハインラインのSF小説に魅せられ、ケイトとともにSF小説サークルをつくった。このサークルは単にSF小説好きの集まりというわけではなく、ハインラインの描くポリアモリー的な関係を称揚する若者たちの集団だった。彼がポリアモリー・デビューしたのはこの頃である。二人の女性と合意の上で交際をはじめた。その一方で、グレンはケイトと「水兄弟／水姉妹」の契約を結んだ。「水兄弟／水姉妹」とはハインラインの小説のなかでつくられた言葉であり、同じコップから水を飲んだ理念を共有する者同士を指す。グレンはわたしに「助け合い、ともに生きることを誓った間柄」とも説明した。

グレンの初婚相手はポリアモリーの会議で知り合った女性だった。彼女とはオープン・マリッジやトライアッドを経験したのち、六年で離婚した。

離婚から数年後、SF小説の大会で出会ったエイミーと恋に落ち、再婚する。エイミーはグレンと出会うまでポリアモリーを知らなかったが、二人はオープン・マリッジに挑戦した。しかし、息子のダニエルができると、エイミーはモノガミーに戻ることを切望し、グレンもそれを承諾した。二人は約七年間、モノガミー生活を続けたのち、意見の相違から離婚した。

現在グレンはケイトが創始したポリアモリー・グループの補佐役を務めながら、ポリアモリストとしてエマと交際している。

グレンがポリアモリーを選択している理由は、「愛が人生を実りあるものにすると信じているから」であり、それゆえ、「その可能性を一人に限定することはないと考えるから」だという。

愛の経験を大切にしたい

モーガン（男性、三〇代）はヴェニスビーチ・エリアで生まれ育った生粋《きっすい》のLAっ子。しかし、ラフな格好は好まず、いつも洗練されたニューヨーカーらしい雰囲気を漂わせている。彼は趣味で着物をコレクションしており、デザイナーの仕事もしている。

そんなモーガンを特徴づけるのは、圧倒的なカリスマ性である。ミーティングに彼が登場すると、その場の空気が一変する。彼は語るのも上手だが、聞き上手でもある。

モーガンは高校生のときからポリアモリーを実践している。当時交際していた彼女の家によく遊びに行っていたモーガンは、彼女の父親に気に入られていた。その父親は、ジョークで「ニコールはどうだ？」とモーガンによくいっていた。ニコールとは交際相手の三つ上の姉のことである。次第にモーガンは大人の女性の魅力を持ったニコールを意識するようになり、魅かれていった。結局、姉と妹の両方と合意の上で付き合うことになる。

しばらくしてモーガンは刑務所に入った。その間に妹とは破局するが、ニコールはパートナーとしてモーガンを支えていた。出所後、モーガンとニコールはともに暮らすようになり、再びポリアモリーを実践するようになる。

「僕にとってニコールは、かけがえのない存在。それは昔も今も変わらない。だけど人は、一人としか素敵な関係を築けないというわけではないだろ？　人は愛する経験からどれだけ多くのことを学ぶと思う？　僕はそんな貴重な経験を大切にしたいんだ」。これが、モーガンがポリアモリーを選択している理由である。

モーガンは特に言及しなかったが、ニコールがバイセクシュアルであることも彼らがポリアモリーを実践する一つの要因として考えられる。彼らの理想は二人がともに愛することのできる相手とポリアモリー関係を持つこと。しかし、「僕は知的な子が好きで、ニコールはヴィジュアルが美しい子が好き。二人の好みを満たす女性なんて、そうそう出会わないよ」と笑っていう。

自分の気持ちにも、愛する人にも誠実でいたい

青い目をしたニーナ（女性、三〇代）は、豊満な体型をした女性だ。彼女は声が大きく、アメリカン・ジョークをよく飛ばす。話し好きの彼女は、わたしが一つ質問をすると一〇分はしゃべり続ける。そのとき、ややオーバーなリアクションやジェスチャーを交えるのが彼女の特徴だ。そんなニーナは高校で美術を教える教職員である。職場では自分がポリ

アモリストであることを隠している。

ニーナは自分のことを「恋多き女性」だという。曰く、「わたしは人を好きになりやすいタイプなの。若い頃からよ。興味を持った相手のことは知りたくなる。関係を持ちたい、向き合いたい、って」。

二三歳で結婚するが、その後も気になる人は現れた。気になる人が現れても、なんとか自分の気持ちを押し殺していた。しかし、ものすごく魅かれてしまったある男性と性的な関係を持つことになる。その情事については当時の夫に隠していた。それは、愛する夫への自分なりの配慮だと思っていたからだ。しかし同時に、これでいいのかと自問していた。彼女は夫以外の人と性的関係を持ったことに対する罪の意識に苛《さいな》まれていた。

しかし、彼女が「もっと大きな問題」と感じていたのは、誰かを好きになってしまうという「ありのままの自分」を夫に隠していること、そして同時に、自分の欲望を押さえつけて生きていることだった。自分は夫にも自分に対しても「不誠実」だと感じていた。結局、自身の欲望、不貞、悩みを夫に打ち明けることなく離婚することになる。

離婚後、カウンセリングに行き、カウンセラーに事情を話した。カウンセラーは、「以前、あなたと同じような悩みを抱えた男性がカウンセリングにきたことがあったわ。彼は現在ポリアモリーを実践しているそうよ。あなたに合うかどうかわからないけど」といった。このとき、ニーナははじめて「ポリアモリー」という言葉を聞いた。

帰宅後、ニーナはインターネットでポリアモリーについて調べた。知れば知るほど、自分に合っているかもしれないと思うようになる。

恋多き女を自称する彼女だが、離婚後、なかなか素敵な人に出会わなかった。それでもポリアモリーを試してみたいという思いは強まっていった。その理由は、「もし愛する人がいるときに、素敵な人が現れたら？　私は愛する人に嘘や隠しごとはしたくないし、自分の気持ちにも正直でいたい」からである。

モノガミーは複雑、ポリアモリーはシンプル

身体を鍛えることを趣味とするクリス（男性、五〇代）は、さほど背は高くないが、とにかく胸板が厚い。彼はスキンヘッドで少し髭《ひげ》を生やしており、姿勢がよい。毎朝五時に起床し、出勤前にジムにいくことを三〇年近く日課にしている。彼の本業は著名人のボディーガードで、平日の夜二日間はジムでパーソナル・トレーナーの副業もしている。

強面《こわもて》のクリスだが、周囲によく気を遣う優しい男性である。たとえば、わたしの車が故

障したことを誰かから聞きつけたときには、「必要があればいってくれ」とメールをくれた。そんな思いやりのあるクリスにはたくさんの友人がいる。

クリスには二回の離婚経験がある。二度目の離婚原因は、彼がここ一〇年定期的に参加しているヌーディストの集いと関係している。元妻はクリスがヌーディストであることを承知で結婚したが、集いに対して不信感を抱いていた。いくらクリスが「いやらしい気持ちで参加しているのではない」と説明しても、元妻は決して信頼しない。一緒に行くことを提案しても、「そんな場所に行きたくない」の一点張り。「信頼関係がないようじゃ一緒にいる意味がないよ。だからといっておれは嘘をつくのは嫌いな性分でね。それに面倒なのはごめんだ！」

あるヌーディストの集会で、クリスはヌーディストでかつポリアモリーを実践している夫婦と出会った。「彼らは互いに恋人がいたけど、なにか強い信頼関係に基づいているように見えたんだ」とクリスはいう。そして、「モノガミーは複雑で、ポリアモリーはシンプルだよ」と付け加えた。

誰の引用かはわからないが、クリスは自分の好きな言葉を教えてくれた。それは、「人生は一度きり。でも、もしそれを正直に、真剣に生きたのなら、人生は一度で十分だ」というものだった。離婚後、残りの人生を自分らしく正直に生きていきたいと思い、五〇代なかばでポリアモリーに挑戦することを決心した。

愛してはいけない人がいるなんておかしい

色白で華奢なマリア（女性、三〇代）は、小学生の頃、家族とともにポーランドからカナダの田舎町に移住した。

マリアは高校生のときに女性に魅かれ、バイセクシュアルを自認するようになる。しかし、周囲の目を気にして、好きな女性に自分の気持ちを打ち明けることも、バイセクシュアルであることをカミングアウトすることもできなかった。

大学に入学し、マリアが好きになった人は男性の既婚者だった。マリアが彼氏の話を友人にすると、友人から「既婚者と交際することは倫理的に間違っている」と批難される。マリアは「愛してはいけない人がいるなんておかしい」と強く感じるようになる。

大学卒業後に渡米したマリアは、低所得者向けのカウンセラーとして働きだした。その頃、インターネットを通じてポリアモリーを知る。彼女は複数愛に関心を持っていたわけではないが、「制度に囚われず、自らの意志によって自らの愛のスタイルを選ぶ」という広義でのポリアモリー理念に感銘を受けた。ポリアモリーとの出会いは、「高校時代から感じていた違和感を解消するものだった」という。

その後ポリアモリーのミーティングに積極的に顔を出すようになり、ポリアモリストとして生きることを決心した。

もう所有されるのはイヤ！

端整な顔立ちをしたヘレナ（女性、三〇代）は、どこにいても人目をひく美しい女性だ。ブロンドで背は高く、肌はこんがりと陽に焼けている。一見すると活発な印象を受けるが、どこか影のある女性のようにも映る。

はじめてヘレナに会ったときにポリアモリストになった理由を尋ねると、彼女はただ一言「苦労したから」と返した。このとき、無愛想な女性という印象を持ったが、仲良くなるにつれ彼女が人見知りであることがわかった。そして彼女が元夫の過剰な束縛とDV（家庭内暴力）を受けた経験があることも知った。

ヘレナは大学時代から交際していた彼と卒業後に結婚するが、三年で離婚した。元夫は交際していた頃から嫉妬《しっと》深かったようだが、それは結婚後にエスカレートした。元夫はへレナがスーパーで自分の知らない男性と世間話をする姿を見ただけでも耐えられなかった。ヘレナは家に帰ると言葉による暴力を受けた。さらにスポーツジムに行くことも禁止された。

ある晩、女友達と食事に出かけたヘレナが帰宅すると、待ち構えていた元夫が、「いくら嘘をついても、俺にはわかる。男といたんだろB××H！　おまえが誘ったんだろ。その顔で！」といって、キッチンまでヘレナを引きずっていった。ヘレナは髪を摑《つか》まれ、顔をガスコンロに押しつけられ、罵《のの》られ、脅《し》された。この事件の後、ヘレナは逃げるように実家に戻り、離婚した。

離婚後DVについてインターネットで調べていたら、自分と同じような悲惨な経験をして、現在はポリアモリーとして生きている人を見つけた。ポリアモリーの「束縛しない愛」「所有しない愛」という側面に魅力を感じたヘレナは、ポリアモリーに関する情報を収集するようになる。そして「互いを所有することなく、ともに愛を育む」ポリアモリーを、自分の理想の愛のスタイルと考えるようになった。

自分を試してみたい

白髭をたくわえたダンディーなマイク（男性、五〇代）は映像監督をしている。仕事で日本を何度か訪れたことがあり、お気に入りの場所は広島県の厳島《いつくしま》神社である。口数の少ないタイプだが、内に情熱を秘めているような男性だ。彼はなにかを説明するとき、省略をしたり、早口になることはない。独特のリズムで丁寧にゆっくりと語る。わたしはマイクの語る思い出話が大好きでよくリクエストした。

とりわけ、マイクの初婚相手、ジーナとの思い出話は興味深かった。バックパックでインドを旅した新婚旅行の話、二人が別れるきっかけとなったスワッピング・パーティーの話（183ページ参照）。好奇心旺盛でやや身勝手なジーナにわたしは興味を持っていた。

マイクはジーナと離婚した後に他の女性と再婚するが、数年で離婚した。その後もモノガミーとして平穏な日々を過ごしていたが、なにか物足りなさを感じていた。

あるとき、マイクは友人に誘われてポリアモリーのパーティーに参加した。「そのパーティーで柔軟な考え方をした冒険心のある人たちに出会った。愛について真剣に考え、愛について語る人びと。彼らとの出会いは、自分がここ数年、忘れていたなにかを思い出させた」とマイクはいう。

　そして、ポリアモリーという新しい考え方そのものに関心を持つようになる。最終的に自分自身を試してみたいと考え、ポリアモリストになることを決心した。マイクにとってポリアモリーは、「自分の身体を使った大実験」だという。


たまたま好きになった人が……


　東南アジア出身のエンジェル（女性、二〇代）は留学を機に渡米した。表情が豊かで、あどけなさの残った笑顔が特に魅力的な女性だ。

　留学先の大学で開催されたあるシンポジウムで、講師として招かれていた男性トムと出会った。二人は親しくなり、エンジェルはトムにデートに誘われた。

　トムははじめてのデートの際に、ポリアモリストであること、バイセクシュアルであることをエンジェルに告げた。そして「自分は交際したいと考えているので、よく考えて返事をくれ」と愛を告白した。ポリアモリーという言葉すら知らなかったエンジェルは大変驚いた。しかし、三度目のデートの際に正式に返事をし、交際をスタートさせた。

　その後、エンジェルは自身もモノガミーからポリアモリーへと転身した。

次に、夫婦やカップルでともにポリアモリーに挑戦することを決めたケースを見ていこう。〈一対一〉の関係を築いてきたカップルや夫婦は、どのような経緯でポリアモリストになったのだろうか。

二人を同時に愛してしまい……

ジェシカ（女性、三〇代）とジェイソン（男性、三〇代）は大学の頃に交際をスタートし、二五歳で結婚した。結婚一年後、ジェシカは仕事で知り合ったマイケルを好きになり、デートを重ねるようになる。ジェシカは離婚をつきつけられるのを覚悟で、自分が他の人を好きになり関係を持っていることをジェイソンに告白した。同時に、マイケルとジェイソンを愛していて、どちらとも別れたくないことを正直に伝えた。

ジェイソンに「少し考える時間がほしい」といわれ、二人はしばらく別居する。一ヶ月後、二人は話し合いのために会うことになった。その話し合いは、ジェシカにとって「これまで経験したことのない強烈なものだった」という。

「ジェイソンはわたしが他の人を好きになったことは正直ショックだ、と切り出した。

でも、悔しいけど、別れたいとも思えないんだ、と。そして、実は結婚してから他の女性と関係を持ったことがあると告白した。ジェイソンはその女性に魅かれていて、もっと知りたいと思ったようだけど、倫理的に良くないと思い直し、二人で会うのをやめたことをわたしに話した。（中略）わたしたちは、なにが良くないことなのかについて一緒に考えた。お互い愛し合っていて離婚する気がないことも確認した」

二人は「もし本当に素敵で関わりたいと思う人が現れたら、お互いに伝える」という約束をし、オープン・マリッジを実践することにした。

お互いのために

アリス（女性、四〇代）とロビン（男性、四〇代）は二〇代の頃にブラジルで出会い、交際をはじめた。その後、アリスの転勤に伴い、二人は海外を転々とした。一〇年ほど前に二人はLAで事業を開始し、現在は仕事上のパートナーでもある。ロビンが結婚制度に反対のため、二人には法的な絆はない。

二人がLAで暮らしはじめた頃、アリスは大学時代の友人からポリアモリストであることを告白された。以後、その友人はアリスたちにポリアモリーの話を頻繁にするようになる。はじめはポリアモリーを奇妙だと思っていたアリスも、話を聞いているうちに関心を持つようになった。そして、もしかしたら自分たちに合っているのではないか、と考えるようになった。二人は話し合い、お互いのためにポリアモリーに挑戦することに決めた。

フィールド・エッセイ1

ポリアモリー世界の案内人

午後一一時半。わたしを乗せた車は山道を走っていた。あたりは真っ暗で、すれ違う車もない。自分がどこにいるのかもわからない。ロサンゼルスの郊外ということ以外は。

「どこに向かってるんですか?」

運転中の男性に尋ねてみた。

「それは秘密」

彼はこっちに顔を向けることもなく、そういってニヤリと笑った。

暗がりで見る、よく知らない人の微笑ほど不気味なものはない。わたしは不安になり、カバンから携帯電話を取り出したが、すでに電波はなかった。

調査とはいえ、見知らぬ土地でよく知らない人の車に乗り込んだわたしの行為は、やはり軽率だったのだろうか。

運転席の男性はグレンという。ここまでの経緯を話そう。

＊

五日前。ポリアモリーのミーティングでグレンと出会った。ミーティング会場に入ったものの、どこに座ったらよいかわからず突っ立っていたわたしに「ここ、どうぞ」と声をかけてくれたのが彼だった。

わたしは自己紹介をした後、ポリアモリーの調査をするために日本から来たこと、ポリアモリーを実践したことがないことを話した。グレンは「このミーティングで日本人を見かけたのははじめてだよ」といい、好意的に接してくれた。

ミーティングがはじまってからはあまり言葉を交わさなかったが、帰り際に名刺を渡し、改めてインタビューさせてほしいとお願いした。

その夜、早速グレンからメールが届いた。お薦めのポリアモリー文献の紹介がしてあり、最後に「インタビューならいつでもどうぞ」と書かれていた。わたしはお礼とともに「来週のどこかでお会いしたい」と返信した。

待ち合わせ場所はグレンの自宅前だった。彼の暮らしている街は、わたしの住んでいた街からフリーウェイを使って五〇分程度の郊外にあった。

午後七時に到着。グレンは食事をしながら話そうといい、一台の車で行くことを提案した。向かった先は日本食レストラン。日本食が恋しいだろうと思って、と彼はいった。なんて気が利く人！　実際、日本食が恋しかった。ロサンゼルスには日本食レストランは山ほどある。が、行ったことはなかった。久しぶりの刺身、天ぷら、蕎麦《そば》。口に入れるたびに幸福な気分になった。

食べ物の力はあなどれない。最高にリラックスした状態で話を聞くことができた。これまでのインタビューは事前に用意した質問を聞くのが精一杯という感じで、後からテープレコーダーを聞き返すと恥ずかしいくらい緊張しているのがわかる。しかし、このときは聞きたいことが次から次へと浮かんできて、会話が途切れることはなかった。結局わたしたちは最後の客となり、閉店とともに店を出た。

車に乗り込むと、少しドライブしないか、とグレンが提案した。もう遅いので、といおうと思ったがやめた。いい流れには乗った方が良いと思ったからだ。

＊

レストランでは盛り上がっていたのに、今やグレンは無言で運転している。しかも、少し険しい顔。とにかく無事に帰れますように、と祈りながら、ただ暗闇を眺めていた。

「着いたよ」

グレンはそういうと、車を止めた。えっ、ここ？

車を降りると、どこかの山の上だった。空気が澄んでいて、夜特有の自然の匂いが漂っていた。

「この街で一番夜景が綺麗《きれい》な場所なんだ。昼間はハイキングコースなんだけどね」

ずっと遠くの方に街の灯りが見えた。とても綺麗。はじめて見下ろしたロサンゼルスの街。

「君の家はあっちの方だよ」

指差された方向に目をやりながら、しみじみと思う。わたしの家、東京じゃないんだ。ロサンゼルスに来てもうすぐ三ヶ月、早いな、と。

「で、君、調査はうまくいってるの？」

グレンが唐突に尋ねてきた。わたしは言葉につまった。なんとかすすめているが、正直うまくいっているとはいえない状況だったのだ。

主な調査方法はポリアモリー実践者へのインタビューとポリアモリー・ミーティング

への参与観察。しかしわたしには、日本を発つ前に設定した自分なりの大きな目標があった。それは、とにかくポリアモリストとできる限り一緒に時間を過ごす、というシンプルなものだった。

フィールドワークを開始して間もないとはいえ、この先、目標に近づける気がしていなかった。インタビューに応じてくれる人は多い。しかし、みんな仕事や子育てやデートで忙しい。当たり前だが、それぞれ自分の生活がある。

このままでいくと、いくらインタビューを重ねてもわたしはずっと「よそ者」に違いない。そんな不安があった。かといって、どうしたら彼らの生活に入っていけるのかもよくわからない。

自分の状況と不安をグレンに正直に話した。すると彼はしばらく思案し、

「僕にできることがあると思う」

ゆっくりと真剣な声でいった。わたしにとってその一言は、本当に心強いものだった。

「ありがとうございます！」

ここに連れて来てくれたことへの感謝とこれからお世話になりたいという思いを込めていった。

しばらく沈黙が続き、わたしはぼーっと空を眺めていた。なんだかいい予感がして、

わたしはグレンに気づかれないように笑った。

この日以来、わたしの生活は少しずつ変わっていった。グレンという案内人を得て、フィールドワークが本格的にはじまったのである。

4

ポリアモリー・デビュー

夜のなかを歩みとおすときに助けになるものは橋でも翼でもなくて、友の足音だ、ということを、ぼくは身にしみて経験している。

——ヴァルター・ベンヤミン

さて、どうやってポリアモリストになるのか。

自分をポリアモリストとして意識した者は、つねにすでにポリアモリストである。そして、日々ポリアモリストとして振る舞うことにより、ポリアモリストとしての自己がつくられてゆく。

しかし、実際に人びとはどのようにポリアモリーの世界に参入していくのだろうか。この疑問に答えるべく、本章ではポリアモリー・デビューの方法を紹介する。

インターネット・デビュー

まず、インターネットでローカルのポリアモリー・グループを検索し、グループを見つけたら登録する。このとき、「ミートアップ」というソーシャル・ネットワークのグループがヒットすることが多い。登録時に必要な入力項目は、各グループによって異なっている。

たとえば、南カリフォルニア・ポリアモリー・グループ（以下SCP）を例に挙げよう。このグループは、二〇〇七年に六人からはじまったグループだが、現在は一〇四一人（二〇一五年三月一一日現在）の参加者がいる。SCPでは登録時にいくつかの任意の質問を設定している。具体的には、①自己紹介　②あなたにとってポリアモリーとは？　③なぜポリアモリー・グループに参加しようと思ったのか？　④現在、誰かとポリアモリー関係にあるか？　⑤子供がいるか？　子供の年齢は？　⑥あなたの望むポリアモリー関係はどのようなものか？　という質問である。

これらの質問に答えて完了ボタンを押せば、そのグループのメンバーとなる。いたって簡単な手続きである。自分の回答はプロフィールとして、写真とともに他のメンバーに公開される。

グループのトップページには、カレンダーとともにポリアモリーの集いに関する情報が表示されている。具体的には、ディスカッション・ミーティング、勉強会、食事会、パーティー、キャンプなどがある。

イベントの日が近づくとメールで詳細が届く。「参加する／しない／未定」に答えると、自分の返答が自動的にグループのサイトに反映される。したがって、どんな人が次のミーティングやパーティーに参加する予定なのかが事前にわかる。このようなシステムのため、直接話したことがない人からメッセージを受け取ることもある。たとえば、「はじめまして。前回のミーティングに出席し、君を見かけました。僕たちも次のミーティングに行く予定です。よかったら乗り合い《カープール》して行きませんか？」というメッセージなど。このメッセージは、前章で紹介したアリスとロビン（85ページ参照）から実際にわたしが受け取ったものであり、彼らと親しくなるきっかけとなった。

ポリアモリストの集いに行く

①ディスカッション・ミーティング

ミーティングの開催頻度は、毎週、隔週、月一、とグループによって異なる。開催場所は誰かの自宅や公共施設であることが多い。

たとえば、わたしが参加していたグループの一つは、毎月第三土曜日の午前一〇時から主催者の自宅でミーティングを開催していた。話し合いのテーマは多岐《たき》にわたり、「嫉妬とどう向き合うべきか？」「ルールを設定することのメリット・デメリット」「子育てとポリアモリー」「ポリアモリーと映画」などがある。

このグループではいきなりディスカッションをはじめるのではなく、まず誰かが三〇分程度のプレゼンテーションを行う。プレゼンを行う人は仲間内から選ばれることが多く、事前に主催者がテーマとの関連で選定している。プレゼンが終わるとディスカッションの時間になる。ここではみんなが自由に発言し、意見を交換する。

午後一時頃になるとフリータイムになり、フードをつまみながら交流する。このグループでは、参加者がフードを持ち寄り、主催者がチキンスープを提供していた。ディスカッション・ミーティングは、意見交換や情報交換、そして友達づくりの場として利用されている。前章に登場したクリス（77ページ参照）とわたしが出会ったのもディスカッション・ミーティングである。

②食事会

交流することを目的とした食事会は、レストランで開かれる場合が多い。ディスカッション・ミーティングとは異なり、ポリアモリー以外の会話もなされる。子供やポリアモリーに興味を持っている友人を連れてくる人も少なくない。

食事会では積極的に社交する人もいるが、一人で読書している人、絵を描いている人、iPhoneでソフトボール中継を見ている人の姿もある。とても自由な感じだ。

前章で紹介したモーガン（74ページ参照）とはじめて出会ったのは食事会である。そのとき、モーガンは妻のニコールと元セカンダリーの女性と一緒に参加していた。

参加者の約半数が新しく参加する人のため、数回参加すれば顔見知りは確実に増えていく。

③パーティー

ハロウィンなどのイベント時にはパーティーが開かれる。SCPでは年に三回プール・パーティーが開催されている。年々、参加者が増えており、二〇一三年には約三三〇人も参加している。ここで、わたしがはじめてプール・パーティーに参加した日のエピソードを紹介しよう。

フィールド・エッセイ2　プール・パーティーに行く

土曜日の昼下がり。わたしはいつものポリアモリー・ミーティングから帰宅し、リビングのソファで横になっていた。午後六時からは、違う場所で大きなポリアモリー・パーティーが開催される。キッチンでコーヒーを入れているルームメイトに、自分の「行きたくない病」を正直に告白した。

フィールドワークをはじめてからすでに半年が経っていた。インタビューをするのにも慣れ、ミーティングに行くのも楽しくなっていた。それでも参加したことのないグループのミーティングやイベントに行く前は、なぜか気が重くなる。行かなくてもいいかな、と心のなかでいいわけを考えては考え直す。今日はパスしよう、そう結論しようとしたとき、携帯が鳴った。グレンからだった。

彼が電話をしてきた理由は、夜のパーティーに関する三つのことを伝えるためだった。一つは、パーティーがスタートしてから一時間後にディベート・セッションが開始するので遅れないように、ということ。二つ目は、主催者にわたしがインタビューすることをすでにお願いしてある、ということ。そして、プールに入る予定ならバスタオルを持参するように、という内容だった。

そういうことなら、行かないわけにはいかない。なんとか気持ちを切り替え、パーティーに行く準備をはじめた。

＊

午後六時半。パーティー会場となっているポリアモリストの自宅に到着する。その家は普段わたしが行くことのないような富裕層のエリアにあった。駐車してある車の量から、すでにたくさんの人が来ていることが予測できた。わたしは少し離れたところに車を止め、歩いて門に向かった。門をくぐると、手入れの行き届いた庭や高級そうな置物が目に入ってきた。それにしても豪邸。どんな人が住んでいるんだろう。そんなことを思いながら、玄関の扉の前に立つ。扉に手をかけると、心拍数がいっきに上がる。扉を開くには勇気がいる。知らない世界が広がっていることを知っているからだ。

会場には予想通りたくさんの人がいた。知らない人だらけで自分がどこにいったら良いかわからない。すると、どこからか自分の名を呼ぶ声がした。その声の主はケイトだった。彼女はこっちにおいでという合図を送っている。ケイトは午前中に参加したミーティングの主催者で、グレンの高校の同級生でもある。ケイトは二〇人くらいの輪のなかにいて、その場をしきっている様子だった。わたしは自分の居場所を見つけたような気がしてほっとした。彼女は、「今、わたしのポリアモリー・ヒストリーを話していたのよ」と教えてくれた。

しばらくすると、Tシャツに短パンというラフな格好をした四〇代前半くらいの白人男性がわたしたちの輪に声をかけてきた。

「ちょっといい？　僕はトム。このパーティーの主催者なんだけど、みんな今日は存分に楽しんでいってね！」

想像していた家主像と異なり、わたしは少し驚いた。とても気さくで爽やかな雰囲気。ロサンゼルスが似合う男性だった。

午後七時になり、ディスカッションが行われる別室に移動した。参加者は約三〇名。わたしの知り合いはグレンを含め五人ほどいた。司会はトムが担当した。彼の横には妻のエンジェルがいて、二人は手を握っていた。アジア人はわたしとエンジェルを含め四名のみ。その他、一、二名のメキシカン以外は白人だった。全員の自己紹介が終わり、ディスカッションがはじまる。中心的な議題はポリアモリーとして生活する上での問題や工夫だった。

約四〇分が経ち、休憩が挟まれた。一〇分後、ディスカッションが再スタートしても、トムの横にいた妻エンジェルの姿が見当たらない。と思ったら、彼女は二〇代なかばの男性の横にいた。彼の名はベン。エンジェルはベンの肩にもたれかかっていた。後になってわかったことだが、トム、エンジェル、ベンは、互いに愛し合うタイプのトライアッドで、三人はこの家で家族として暮らしている。

ディスカッションが終了し、わたしはフードとドリンクを取りに向かった。このパーティーはフードもドリンクも無料で提供されていた。わたしはフードコーナー近くに配置されたイスに座り、しばらくパーティーを眺めていた。多くの人が往来するフードコーナーは、観察するにも盗み聞きするにも、もってこいの場所だった。それに、わたしの左右に置かれていたイスは程よい回転率。どこから来たのか、ポリアモリーを実践しているのか、誰に誘われてこのパーティーに来たのか。そういったお決まりの会話を隣に座った人と、フードをつまみながら交わす。たいていの場合、話に詰まる頃にはちょうど食べ終わっている。そして、話し相手が席を離れるタイミングで名刺を交換し、「また」といってお別れをした。

社交をしているとポリアモリスト以外の人が意外と参加していることに気づいた。たとえば、ポリアモリーに関心のあるジャーナリストや心理学者、カウンセラーなど。

その後、会場を散策した。パーティー仕様の気合いの入ったドレスを着ている人もいれば、ヒッピー風の格好をした人もいる。年齢層は二〇代から六〇代くらい。踊っている人もいれば、チェスを楽しんでいる人もいた。庭にある大きなプールには三〇人くらいの人が入っていた。プールで泳いでいる人の姿はなく、みんな裸で会話をしていた。

このパーティーで嬉しかったことの一つは、以前にインタビューで出会った人に再会できたことだった。フィールドワークは期間が決まっていた。そのため、継続的に会うことができる人は、住んでいる場所やスケジュールなどによって限られてくる。予期せぬ再会は思った以上に嬉しいものだった。

また、新しい知り合いや友人をつくる機会にも恵まれた。一人でぶらぶらしているわたしを見つけ、「あなた日本人でしょ？　私の親友は日本語を勉強してるのよ」と声をかけてきたのはエンジェルだった。わたしたちはロサンゼルスでお気に入りのカフェの話や旅行の話をした。しかし、周りが騒々しく、なかなか声が聞き取れない。少し静かな部屋へ移動し、そこで彼女は自分の結婚式のアルバムを見せてくれた。インドネシアで行われたという結婚式のアルバムには、笑顔の友人たち、娘の晴れ舞台を祝福する両親の姿が写っていた。当時、エンジェルは両親にポリアモリーを実践していることを伝えていなかったという。そして、現在、両親と疎遠になってしまっていることも聞いた。

パーティーの後半はエンジェルと一緒に過ごし、結局この日はトムにインタビューすることはなかった。その代わり、トムとはハイキングに行く約束をし、エンジェルとはヨガに行く約束をして、わたしはパーティー会場を後にした。

＊

帰りの車のなかで、パーティーの告知に「古き友と再会し、新たな友と出会う機会に利用してほしい」と書いてあったことを思い出した。わたしは、「プール・パーティーは楽しいよ」と教えてくれた友人たちの言葉を心から理解した気がした。

午後一一時、帰宅。玄関をあけるとルームメイトたちがソファでガールズトークをしていた。

「おかえり！　どうだった？」

ルームメイトたちはいつもわたしの経験をシェアしてくれる大切な聴衆だ。この日は思った以上に長く、素敵な一日となった。

恋人との出会い

パーティーやミーティング、食事会は、友達づくりだけでなく、恋人を見つける場としても機能している。わたしは先のプール・パーティーで、以前食事会で会ったことのあるサイモンとアマンダに再会した。二人は食事会で出会ったあと、何度かデートし、交際をはじめたようだった。

では、実際にポリアモリストはパートナーとどのように出会っているのだろうか？

「ポリアモリー調査」の「現在のパートナーとどのように知り合ったのか」という統計（次ページグラフ）を参照すると、第一位は「友人を通じて」、二位は「職場」となっている。友人や職場を介して出会い、交際をすることはモノガミー社会でもよくある話である。ここでは、三位のインターネット、とりわけオンライン・デーティングに注目してみたい。

ポリアモリストが利用するオンライン・デーティング・サイトはいくつかある。なかでも「OKキューピッド」というサイト名はよく耳にする。このサイトはポリアモリー専用ではないが、「ポリアモリー」というオプションがあるため、ポリアモリストに人気がある。

ポリアモリー専用のオンライン・デーティング・サイト「LoveMany」「Polyamorous Love」なども利用されている。これらが普通のオンライン・デーティング・サイトと異なるのは、検索項目に「カップル」「グループ」があることである。たとえば、カップルで誰かを探している募集には、写真とともに次のようなメッセージが書かれている。

「わたしたちは四八歳と四五歳の夫婦です。結婚一五年目になります。夫は建築業で、わたしはソーシャルワーカーです。三人子供がいますが一緒に住んでいません。わたした

現在のパートナーとどのように知り合ったのか

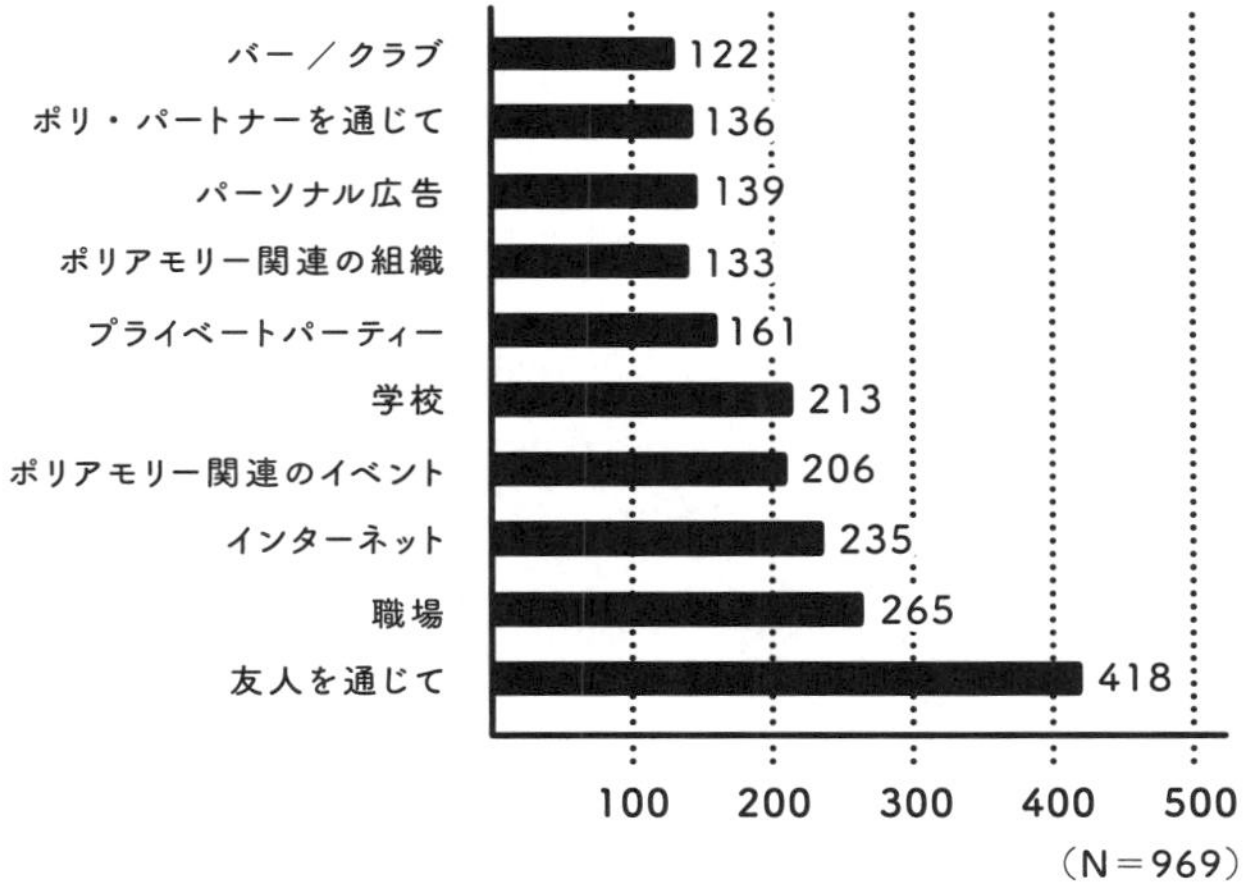

ちはトライアッドをつくりたいと考えていて、バイセクシュアルの女性を探しています」

　オープン・マリッジの実践者たちはこのように恋人募集をするのではなく、それぞれが恋人を募集する。たとえば、「わたしはこんな人です。結婚して何年になり、オープン・マリッジを実践しています。わたしはこんな人がタイプです。興味があったら連絡ください」というように。基本的には自分のポリアモリー状況を公開したうえで、恋人探しをしている。

　本章では、ミーティングやパーティー、

インターネットを活用し、友人や恋人を見つけるポリアモリストの姿を見てきた。ポリアモリストになることを独りで決断した人であっても、仲間や愛する人とともにポリアモリストになってゆくのである。

では、ポリアモリー・デビューを果たした人びとは、実際どのようにポリアモリーを実践しているのだろうか。次章では、彼らの日常生活からポリアモリー倫理を探ってみたい。

5

ポリアモリー倫理

他者によって解体されることは根本的な必然性であり、確実に苦しみである。しかし、それはまたチャンス——呼びかけられ、求められ、私でないものに結ばれるチャンスでもあり、また動かされ、行為するよう促され、私自身をどこか別の場所へと送り届け、そうして一種の所有としての自己充足的な「私」を無効にするチャンスでもある。

——ジュディス・バトラー

ポリアモリストに人気のある本に、*The Ethical Slut*（二〇〇九）と題された本がある。「Slut」というのは、複数の人と性的な関係を持つ女性に対する侮辱語である。

直訳すると「倫理的でふしだらな女」。

この戦略的・挑戦的なタイトルは、まるで、「わたしたち（ポリアモリスト）は、あなたたち（モノガミー社会）がいう『ふしだらなこと』をきちんと行っています」という意思表明のようである。

実際、ポリアモリーにはモノガミーの倫理とは異なる独自の倫理が見られる。では、その独自の倫理とは一体どのようなもので、なぜ必要となるのだろうか。

本章では、マニュアル本や日常的な工夫や問題、葛藤の語りを手がかりに、「ポリアモリー倫理」の輪郭を描いてみたい。

ポリアモリーに必要なもの

きちんと複数愛を実践するためには、一体なにが必要なのか。ポリアモリストに尋ねると、「理性」「知性」「コミュニケーション能力」という返答が上位にくる。

理性とは、善悪を判断し、道徳や義務の意識を自らに与えるものである。モノガミー社会における「善」は恋人や配偶者だけを愛することであり、「悪」はそれ以外の人と関係を持つことだ。他方、ポリアモリーの文脈において「善悪」の判断基準となるのは、自分が関与している関係にとって自分の振る舞いは良いか悪いか、という点である。

次に知性を取り上げよう。複数の人と関係を築くポリアモリーと〈一対一〉のモノガミー関係では、問題となる事柄が異なってくる。また、ポリアモリストであっても、モノガミーを規範とする社会で生活していかなければならない。ポリアモリーを実践することによって生じる心的・社会的な問題にうまく対処するためには知識が重要となる。

ポリアモリーに関する知識——どうすればうまくいくのか、どう考えればよいのか——は日常生活のなかで創られる。もし、ポリアモリストの友人が悩みを抱えていれば、自分たちが乗り越えた方法を伝授する。

また、ポリアモリーの知識を体系化したマニュアル本も流通している。たとえば、冒頭で紹介した *The Ethical Slut* やアナポールの『ポリアモリー——恋愛革命』は人気のあるマニュアル本だ。

マニュアル本では、ポリアモリーの倫理や指針が示されていることが多い。ポリアモリー倫理は統一されたものではなく、マニュアル本によってオリジナルの倫理が提示されている。たとえば、『ポリアモリー——恋愛革命』には、次のような六つのポリアモリー倫理が記されている。

一　意思決定は合意の上で：それぞれが自由に意見を出し合い、付き合いの条件を決めること。

二　正直であれ：嘘をついたり、ごまかしたり、隠しごとをせず、自分にもパートナーにも正直でいること。

三　相手をおもいやる：みんながそろって幸せでいられるよう、常に配慮すること。

四　本気でかかわる：現在の関係を深め、より良いものにしていこうという固い意思を持つこと。

五　誠実であれ：約束を守り、信頼を高めること。守る気がない場合は、約束しないこと。

六　個性を尊重する：パートナー同士に一体感が生まれるのはいいことだが、一個人でありたいという各自の欲求を尊重すること。

ポリアモリストは、これらの知識や倫理を参照しながらさまざまな工夫をしている。その一つとして、パートナーとルールを設けることが挙げられる。その際、重要となるのがコミュニケーションである。

意識的な関係構築

複数の人と交際していても身体は一つ。「ポリアモリーを実践していて大変なことはなんですか?」と尋ねると、最も多い回答は「スケジュール管理」であった。ポリアモリストは忙しい。

スケジュールの衝突を回避するために、あらかじめデート日を設定しているポリアモリストは多い。また、グーグル・カレンダーを利用して、複数の交際相手に自分のスケジュールをオープンにするという工夫も見られた。それでも、バレンタインや誕生日などの「特別な日」は衝突が起こりやすいようだ。ポリアモリー・ミーティングに持ち込まれた相談を例に挙げよう。

事例1　ジェシカの誕生日を一緒に過ごすのは誰?

ジェシカ（84ページ参照）は夫ジェイソンとオープン・マリッジを実践しており、交際一年になる彼氏がいる。夫と彼氏は互いの存在は知っているが、顔を合わせたことはない。誕生日を一ヶ月後に控えたジェシカは、彼氏に「今年の誕生日は僕にお祝いさせて」といわれた。しかし、彼女は返事を保留していた。というのも、毎年、誕生日はジェイソンと過ごしてきたからだ。しかし、彼氏は行事などの日に一緒に過ごすことができないと、嫉妬や寂しさを感じてしまうタイプである。自分はどちらと過ごしたいのか、あるいは、過ごすべきなのか。ジェシカは考えても答えが出ずに悩んでいた。

ジェシカの相談に対して、ミーティングではさまざまなアドバイスがなされていた。たとえば、「第一パートナーであるジェイソンを優先させるべき」「ジェイソンに話し、考えを聞く」「ジェイソンと彼氏を紹介する機会として利用する」「気分で決めずに、状況をじっくり考えて」など。また、「今後のことを考え、彼氏が感情管理できるよう、ジェシカが協力すべき」という声も出ていた。

これらのアドバイスから、理性、知性、コミュニケーションが重要視されていることがわかる。また、その場しのぎで問題を乗り越えるのではなく、今後のことを考え、根本的な問題の解決に繋げるといった姿勢も見てとれる。

スケジュールを管理することは、スケジュールの衝突を避けるためだけでなく、感情を管理するために利用されることもある。たとえば、互いに外泊日を合わせるというルールを設けている人びとがいる。これは自分やパートナーが寂しさや不安を感じないようにするための工夫である。また、「恋人を持つことは自由だが外泊するのは控えよう」と約束をしているケースや、月にどれくらい外泊してよいかというルールを設けているケースもある。

さて、複数の人と身体の関係を持つポリアモリストにとって、性を管理することは重要である。病気や予期せぬ妊娠を防ぐために、必ずコンドームをつけるというルールが設けられている場合が多い。また、定期的に一緒に性感染症の検査を受けることを決めている場合や、性交は事前に性感染症の検査を受けた者に限定するというルールを設けている人もいる。

このようにポリアモリストは、スケジュールや感情、性を管理しながら、計画的に関係を築こうとする。アナポールの手引き書には「意識的に関係を整え、磨き上げることが不可欠である」と記されている。

それって本当に愛？

知識を使った愛。マニュアルに基づいた愛。計画的な愛。それって本当に愛なの？　と疑問視する人もいるだろう。「恋は盲目《もうもく》」というように、誰かを愛する者はまわりが見えなくなっている状態にあるとされるかもしれない。しかし、こうした愛の観念、すなわち、ロマンチック・ラヴは、近代になって創られたものである。

日本にロマンチック・ラヴ・イデオロギーが浸透したのは明治期である。それ以前の日本、たとえば江戸時代、巷《ちまた》には恋の手本や手引き書が溢れていた。人びとはマニュアル化された知識を持つことによって、より良い恋愛や性愛関係が生まれる、と考えていたのである［田中 二〇〇二］。こうした「愛」に対する発想は、現代を生きるわたしたちのものとは異なっているように見える。しかし、比較文学者のヨコタ村上が指摘するように、「ポパイ」や「ブルータス」「アンアン」などの雑誌の恋愛特集に目を向ければ、現代日本においても「恋愛」はマニュアルを通して習熟できるものと考える発想があることに気がつくだろう［ヨコタ村上 二〇〇七］。

また、モノガミー関係においても、計画的に愛の関係を築くことは多々見られる。恋人と時間を過ごすためにスケジュールを管理するし、性も管理する。ただ、複数の人と関係を築くポリアモリーの場合は問題が生じやすい。だからこそ、きちんと話し合い、約束やルールを設けながら計画的に関係を築いていこう、という意識が高いのである。

「自由な愛」のパラドックス

とはいえ、ルールやマニュアルがあっても、必ずしも計画通りにものごとがすすむわけではない。人間は偶発的で予測不可能な世界で生きているからだ。ここで、マリアが「ポリアモリーのリアル・シチュエーション」と呼ぶ出来事を紹介しよう。

事例2　ポリアモリーのリアル・シチュエーション

マリア（79ページ参照）とジョンはポリアモリー・グループが主催する食事会で出会い、すぐに魅かれ合った。当時マリアとジョンには異なるパートナーがいて、互いの状況を了解したうえで交際をスタートさせた。二人はあらかじめデートの日程を月はじめに決めることにしていた。たいていの場合、彼らは金曜日の夜をともに過ごしていた。その後、それぞれのパートナーとの別れを経験しながらも、二人はポリアモリーとして関係を継続していた。

「交際して二年が経つ頃、ジョンに新しいパートナーができたの。すると、それまで乗り越えてきたはずの嫉妬が、なぜか問題になってきた。わたしは自分が嫉妬してしまうことについて彼に打ち明けたわ。すると彼は、自分の新しい彼女に会ってみることを提案してきた。そこでわたしたち三人は夕食をともにすることになった。（中略）彼の愛するもう一人の女性はとても魅力的で、そのことはわたしの気分を良くも悪くもしたわ。とはいえ、彼がどんな相手とデートしているのかを知ることは、わたしの中の嫉妬や不安を多少なりとも軽減したように思えた。だけど、再び嫉妬や不安がぶり返すような出来事が起こったの。

ある日曜日の朝、パソコンでメールをチェックしていたら、夜に予定されていたポリアモリー・ミーティングの時間が変更になったという知らせがきていた。その日は彼と会う約束はしていなかったけど、空いた時間ができたのでジョンに電話をしたの。もし時間があれば夜に会いたい、と彼に伝えると、まだ予定がわからないので、午後六時あたりに連絡を取り合おう、と彼はいった。

時間になってジョンに電話をすると、彼は「今、もう一人の彼女とデートしているから、今夜は会えない」といってきた。そのとき、彼に対し怒りを覚えたわ。でも、平静を装い「楽しんで」とだけいって電話を切った。彼を問い詰めることはできなかった。なぜなら、その日はもともとデートの約束をしていたわけではないし、彼がもう一人の彼女とデートすることを責めることはできないから。

わたしは彼が彼女を選んだような気がして孤独だった。決して彼を一人占めしたいと思っていたわけではない。でも、彼と自分の関係が、彼女によって壊れてしまうのではないかって不安だった。わたしは感情のコントロールがまだうまくできていないの」

計画的に「ポリアモリー関係」を築こうと努力を重ねていても、予測不可能な出来事が舞い込んでくる。マリアの葛藤は、偶然のメールが端緒となっていた。

「彼がもう一人の彼女とデートすることを責めることはできない」というマリアの語りは、〈一対一〉に拘束されない「自由な愛」を求める一方で、自らのルールによって自らを拘束してしまうというアンビヴァレントな状態を示唆している。ここでいう「自分のルール」とは、感情をうまくコントロールせよ、というものである。

自己コントロールという課題

しかし、自分自身のルールは一体どこから来るのだろうか？　誰かになにかを強制されていないのに、自らある方向に強制されるのはなぜなのか？　どうしてマリアは自分をコントロールしなければいけないと思うのだろうか？

この問いを検討するにあたって、フーコーの「服従化の様式」という概念は示唆的である。服従化の様式とは、「人々が自分の道徳的義務を認めるように勧めるとか仕向けるやり方や様式のこと」である［フーコー 二〇〇六］。

フーコーが挙げている例で考えよう。「ギリシア時代の王、ニコクレスはなぜ妻に貞節であったのか？」。ニコクレスが妻に貞節であったのは、「わたしは理性的な存在だから妻に対して貞節でなければならない」ということとは関係がない。そうではなく、「わたしは王である。他の者たちを支配しなければならない。だからまずは自分自身を支配することを示さなければならない」からだ、とフーコーは分析する［フーコー 二〇〇六］。

これをマリアの文脈で考えてみよう。「わたしはポリアモリーである。ポリアモリストとしてうまくやっていかないといけない。だからまずは自分自身をコントロールすることを学ばなければいけない」。

この服従化の様式は、実はポリアモリーに限らない。たとえば既婚男性と交際している場合、彼を愛していれば、彼や彼の妻に迷惑がかからないように配慮し、自分をコントロールすることもあるだろう。それは彼の妻と上手に彼を共有したいからである。しかし、彼の妻が自分と同じように配慮し、コントロールすることはない。そもそも妻は自分の存在を知らないからだ。

ポリアモリーの場合は、この服従化の様式に関係者全員が参与している。その点が大きく異なっているのである。

王であるニコクレスの場合は、自分を美しい存在としなければならないという観念（美学）から意識的に拘束を受け入れていた。ギリシア時代の人びとは、王でなくとも、自分の人生に多くの美と強さを与えるために、自分自身が自分の主人になる必要があると考え、自己を抑制するためのさまざまな修行を行っていた［フーコー 二〇〇六］。

ポリアモリストにとっても自分をコントロールすることは課題である。彼らが自己コントロールに重きを置くのは、ポリアモリーという関係に倫理を与えるためである。自己コントロールは、ポリアモリーという共同体を生きる者同士が倫理的に自由愛を実践するために受け入れた犠牲、すなわち、「自由な関係」の代償といえる。

マリアの例に戻ろう。彼女が葛藤することになったのは、「ポリアモリストとして自己コントロールせよ」という内なる声が、ある種の義務として働きかけたからだった。しかし、ここで重要なのは、こうした自己犠牲が同時に自己への配慮でもある、ということである。

自己犠牲＝自己への配慮＝他者への配慮

現代社会において、自己への配慮は、自己愛の一形式やエゴイズムとして流通している。しかし、従来、自己への配慮というものは自己犠牲とともに向けられるものであった［フーコー 二〇〇六］。フーコーは、自由の実践としての自己への配慮に関して、次のように説明する。

ギリシア・ローマ時代、自己への配慮は個人的な自由が倫理として反省＝反照される様態のことだった。「なんじ己を知れ」というのは、自由を立派に実践するために、自らに気を配り、自己に配慮せよ、ということを意味していた。つまり、自己への配慮は自由を実践するための条件だった。そして自己への配慮は、常に他者関係を含んでおり、他者の中で自分が占める位置に完全に向けられている。自己への配慮は、己自身に気を遣うと同時に、他者に気を遣うことでもある［フーコー 二〇〇六］。

ポリアモリストが課題とする自己コントロールは、他者との関係における自己防衛や他者を気遣う方法になっている、と考えることができる。複数の人と関係を持つポリアモリストは、自分が傷ついてしまう可能性があることや相手を傷つけてしまう可能性があることを自覚している。だからこそ、彼らは倫理的に「自由」な愛を実践することに拘るのである。

わたしの目に映るポリアモリストの姿は、自由を立派に実践するために自己に配慮するギリシア・ローマ人に重なる。ポリアモリーの語源（poly-amor）が、ローマ人の公用語であったラテン語とギリシア語であるのは、偶然の一致なのだろうか。

変わり続ける約束と関係

さて、ここまでポリアモリーにおける自己規律化の問題系を見てきた。その中で浮上したキーワードは、理性、知性、コミュニケーション能力、計画、ルール、約束……。これらは全て、人間の能力にまつわる事柄である。

ここで、ポリアモリストたちが重要なものとして強調する、他の事柄を挙げてみたい。それは、感性、偶然、変化、流れに乗ることである。また、人間の力に限界があること、人の気持ちが変わりやすいこと、理性では捉えられないものがあることを認識することも重要とされている。これらは、先に挙げたキーワードと矛盾するように見えるかもしれないが、もう少し話をすすめよう。

ワークショップや勉強会では、「人の心が変わりやすいことを心得よ。ルールを設定したときと状況が同じだとは思うな」というように、柔軟に対応する必要性を説いている。ルールや約束は決して固定したものではなく、状況に応じて柔軟に刷新《さっしん》されるべきものだという。ルールや約束を守ることは大切だが、より重要なことは、互いに向き合い交渉することなのである。

交渉において理性や感性は対立するものではなく、ともに総動員されるべきものとなる。交渉とは、自分の気持ちを一方的に押し付けることでも、なにもいわなくても自分の気持ちを汲《く》み取ってくれ、という相手任せの態度でもない。期待や希望、葛藤や悩みを伝えながら、自身をパートナーに素直に差し出すことである。そして、パートナーの悩みや葛藤、希望や期待に応答することでもある。「誠実」というものは、心を開いた状態で交渉を重ねることによって創られていく、と彼らはいう。

結局のところ、ポリアモリー倫理の核となっているのは、永遠の交渉のなかで自分自身や愛する人たちの願いや喜び、悲しみや痛みときちんと向き合うことなのである。ところで、あなたは愛する人と「ちゃんと」交渉していますか?

フィールド・エッセイ3 変化を楽しみ、現在《いま》を生きる

ヘレナたちの家は、ビーチから車で一〇分程度の場所にあった。その日でヘレナと会うのは四回目。彼女と知り合ったきっかけは、ポリアモリストの友人の紹介だった。彼女は友人が経営するインテリアショップで働いていて、現在二人の彼氏と暮らしている。ヘレナから彼氏たちの話を聞いていたが、実際に二人に会ったことはなかった。

予期せぬ渋滞に巻き込まれ、約束の時間より三〇分以上遅刻して到着した。インター

ホンを鳴らすと、白いキャミソールにデニムパンツ姿のヘレナが出てきた。遅れたお詫びをいうと、ヘレナは「LAでは普通のことよ」と笑顔で答え、わたしを中に案内した。アメリカ人宅では珍しく、土足厳禁。靴を脱いでお邪魔すると、お香の香りが漂っていた。広くもなく狭くもない、小さな庭つきのかわいい家。

ヘレナが「ビート」と呼ぶと、キッチンの方から男性が現れた。彼は茶色の短髪で、お洒落《しゃれ》なメガネをかけていた。わたしたちは初対面の挨拶を交わし、「よろしく」といって握手をした。もう一人の彼氏はファーマーズマーケットに出かけていて、もうすぐ帰ってくる頃だ、とヘレナがいった。

「くつろいでて」といわれ、リビングのソファにかけ、壁にディスプレイされた写真を眺めていた。風景を写した白黒写真《モノクロ》。するとビートが「これいいでしょ？　僕が撮ったんだ」と爽やかに自慢し、わたしの横に座った。紺のドット模様の白い半袖シャツに、カーキの半ズボン。彼はグラフィックデザイナーだ。

ビートは手動でコーヒー豆をガラガラと挽《ひ》きながら、日本についてあれこれと質問をしてきた。わたしがそれに答えるといったかたちで会話がすすんだ。ヘレナが以前、ビートのことを誠実で優しくてしっかりした人、といっていたことを思い出した。束の間の会話ではあったが、なんとなくヘレナのいっていたことがわかった気がした。

しばらくすると、玄関が開き、長身の男性が自転車と一緒に入ってきた。

「はじめまして」

とわたしがいうと、長身の男性は、

「ハイ。僕はザック。ヘレナから君のことは聞いてるよ。はじめての日本人の友達だってね」

と返した。そしてお辞儀をしながら、「ありがとうございます」と片言の日本語で照れながら付け加えた。その姿はとてもチャーミングだった。

ザックはブロンドで天然パーマ。Tシャツにタイパンツを合わせていて、風貌はアジアで出会う長期滞在型の白人バックパッカーという感じだ。

わたしとヘレナがソファにかけ、ビートとザックは床に座った。ビートは日本に興味があるらしく、ザックは人類学に関心を持っているようだった。

はじめて来る家なのに不思議とくつろげた。彼らの性格や彼らと年齢が近いことが関係していたのかもしれない。

普段は五〇代の人たちにインタビューすることが多い。いつもと違って困ったことは、二〇代、三〇代の人たちは早口で話しスラングが多いことだった。特に複数集まると、話についていけないときがある。わたしはゆっくり話してほしい、とお願いしたが、話が盛り上がるとまた早くなる。そんなときは、ビートが気づいてみんなに注意してくれた。

＊

ヘレナにとってビートは、離婚後にはじめてできた彼氏だった。ヘレナとビートは友人のホームパーティーで知り合った。二人は近所に住んでいたことから仲良くなり、次第に魅かれ、交際をはじめた。ヘレナの影響でビートもポリアモリーに興味を持ち、二人ともポリアモリストという自覚を持っていた。しかし、二人だけで交際していた。

交際して二年が経った頃、ヘレナはザックとヨガ教室で出会った。ここから三人の歴史がはじまった。

ザック「ＬＡには山ほどヨガ教室があるけど、僕とヘレナが出会った教室は他とは違ってね。健康を目的に通う人よりも、精神世界に興味がある人たちが集まるところ。来ている人はみんなオープン・マインドだよ。でもヘレナは浮いていた。友達をつくろうともしないし、レッスンが終わると一番に帰っていたしね。ヨガに来ているのにリラックスしてない感じ」

わたし「それで？」

ザック「その頃、僕は古本屋でバイトしていた。ある日ヘレナが店先に来たんだ。それが仲良くなったきっかけ。知れば知るほど、面白い子だって思ったよ。ヘレナは久しぶりに女性で素敵だって思った子。だから、これは付き合った方がいい、と思ったんだ」

ザックはヘレナから、ポリアモリストであり、彼氏がいることも聞いていた。その上で、交際したいという自分の気持ちを伝えた。当時ザックには彼氏がいたが、ポリアモリーを実践したい、といったらふられたという。

わたし「ヘレナ、好きな人（ザック）ができたことをビートに打ち明けたときどんな感じだった？」

ヘレナ「かなり緊張したわ。わたしが他の人を愛しているのを知っても、同じように自分を好きでいてくれるのか、って正直不安だった。二人の関係が変化してしまうのではないか、ってね」

ビート「ヘレナはザックと交際してから、僕にすごく気を遣っていてね。デートに行く前や帰ってきたときは、特にそれが伝わってくるんだ。だから、心配ないよ。けっこう平気みたい、って伝えたんだ」

ヘレナ「ビートの言葉に安心したのを覚えているわ。その後、数ヶ月してわたしは二人を会わせたの」
わたし「そのときの互いの印象は？」
ビート「ヘレナが話していた通りの人だったよ。僕の友人にいないタイプ」
ザック「感じの良いやつだと思ったよ。でも俺のタイプではないなって（笑）」

＊

わたし「ということは、みんなはじめてのポリアモリーだったんだね。モノガミーのときと変わったことってある？」
ビート「より素直になったかな。モノガミーのときは、思ったことがあっても相手に伝えないことが多かったけど。かけひきもあるしね。それに、相手がしているから僕も、とか、ちょっと戦っている感じもあった。今は恋人であり、同じプロジェクトをすすめている仲間って感じもする」
ヘレナ「モノガミーはとにかく安定を好むわ。でも、今は変化を楽しんでる。わたしにとって、そこが大きな違いかなあ。実際、わたしたちの関係はここまでかなり変化してきたわ。はじめは、わたしとビートが交際して一緒に暮らすようになった。次にザックが登場して、わたしはザックとも付き合うようになった。そしたらビートに彼女ができて。その後、ザックが一緒に暮らすようになった。それで、ザックにも彼氏ができたわ。それが今の状態よ」

わたし「ヘレナはビートに好きな子ができた、っていわれたとき、どう思ったの？」

ヘレナ「良かったという気持ちと不安が入り交じった感じよ。だけど、この人は離れない、っていう安心感もあったわ」

ザック「ビートの好きになった子はモノガミーの子。だから、どう事情を説明すべきか、三人で話したんだ。普通に考えたらおかしな話だろ？　好きな子ができて、どういうシチュエーションで告白すべきか、自分の彼女とその彼氏（僕）に相談しているんだからね。しかも真剣に」

わたし「ザックは？　どう今の彼氏に伝えたの？」

ザック「僕はシンプルだよ。好きな子に、紹介したい人がいる、っていって家に招待したんだ。それで、ヘレナとザックを紹介した。こちら、僕の彼女と彼女の彼氏ってね」

ヘレナ「彼（ザックのお気に入りの男の子）は唖然《あぜん》として。当たり前よね。君たちはクレージーなんだね？　って、確認されたわ」

みんなで笑った。時計に目をやると、すでに午後七時をまわっていた。時間が経つのが早い。しかし、わたしたちの時間はゆったりと流れていた。

＊

壁に綺麗に立て掛けられている三本のサーフボード。チャクラが描かれたスピリチュアルな絵。ヘレナが気に入り、奮発して購入したというアンティーク調のソファ。リビングにはそれぞれの歴史が持ち込まれていて、それらは不思議と調和していた。

この三人はお似合いだが、三人が共有している趣味などはないらしい。唯一、三人が関心を持っているのはタントラだ、とビートがいった。「タントラ？」と聞き返すようにわたしが復唱すると、ザックが「そう。君はあまり知らないんだね」といい、レクチャーをはじめた。

「タントラは、簡単にいえば、道を拡げる方法。人はそれぞれエネルギーを持っているんだ。ただ、自分が不安だったり安定していないと、他人を支配することで人のエネルギーを奪う。タントラは自分でエネルギーをつくり出す方法を教えるもの。そして、エネルギーを互いに奪い合うのではなく、交換することに意味を見出すんだ」

わたしは突然はじまったザックのスピリチュアルなトークに少し困惑した。しかし今思えば、これがわたしがタントラに関心を持つようになったきっかけである。

他にもザックはわたしの知らないことを教えてくれた。たとえば、素敵な瞬間を身体に刻む方法。

「自分が幸せだと強く感じた瞬間。美しい景色を見た瞬間でも、人の優しさに触れた瞬間でも、どんな瞬間でもいい。目を閉じて、幸福に満ちた感覚を全身で感じるんだ。そして、その感覚を身体に閉じ込め、自分の一部にする。感謝の気持ちを込めてね。はじめのうちは、忘れませんように、って唱えた方が効果的かもね。そうすると、時が経っても、その感覚を思い出せるんだ」

ザックが話し終えると、ヘレナが「わたしもよくやるわ。嘘かと思うかもしれないけど、結構きくのよ。こないだセドナに行ったときも、三人でやったわ。落ち込んだりしたら、その素敵な感覚を思い出して、現在の力にしているの」といった。

変化を楽しむ。そして、過去に縛《しば》られるのではなく、未来のことばかりを心配するのでもなく、今この瞬間を大切に生きる。もし元気がないときは、過去に得た素敵な感覚を利用して、現在のエネルギーにする。三人はそんな認識を共有しているようだった。

ザックがそろそろリビングの壁の色を変えないか、といった。この三人は特に日常的なルールを決めていないが、壁の塗り替え作業はみんなでやる、という約束をしているらしい。

「次は何色にしようか」

三人は現在の気分を伝えながら、それぞれ違う色を提案していた。

6

嫉妬《ジェラシー》

嫉妬はエゴイズムを「倫理」として意識している。

——真木悠介

社会的構築物としての「嫉妬」

わたしたちは嫉妬に関してどれくらい真剣に考えたことがあるだろうか。嫉妬が生じたときにとる手段はそれなりにあるかもしれない。だが、嫉妬それ自体について深く考える機会はあまりないのではないだろうか。というのも、嫉妬をなにか生得的で普遍的なものとして捉える傾向があるからだ。

人類学における感情研究は、感情は普遍的ではなく社会の構築物であることを明らかにしてきた。余談になるが、修士課程の頃、指導教官に「ポリアモリー実践者が使うjealousyという言葉を、日本語の「嫉妬」と全く同じものとして考えてはならん！」とよくいわれたものだ。

「怒り」や「嫉妬」などの感情が社会によってつくられているということと、当該社会における「怒り」や「嫉妬」の価値づけは密接に関わっている。たとえばトルコでは嫉妬を肯定的に捉える。嫉妬深いということは、相手に感情を入れ込んでいる証拠であり、誇りであると。トルコ語で「嫉妬する」を意味する「クスカンマック」という言葉は、「嫉妬する」だけでなく、同時に「大事にする」という意味を包含している［中山 二〇〇三］。

古代の日本はどうだろう？　嫉妬は人を死に至らせる力があるとされ、恐れられる存在であった。『万葉集』などの歌謡群に嫉妬の歌が少ないのはそのためだ。危険な呪力を持つ嫉妬の歌は、表面に出してはならないものだったのである［古橋 一九八七］。

このように、社会によって「嫉妬なるもの」の意味付けは異なっており、また自分の知っている「嫉妬」は他の社会のそれと必ずしも同じものではない。興味深いことに、ポリアモリーのマニュアル本やワークショップでは、嫉妬は社会によってつくられ、社会によって異なるものである、という人類学の知がしばしば引用されている。彼らは「嫉妬とはなにか？」という根源的な問いからスタートし、その上で嫉妬とうまく付き合っていく方法を模索している。

さて、嫉妬が社会によって構築されたものであるなら、ポリアモリー社会における嫉妬とは一体どのようなものなのだろうか。そして、ポリアモリストはその嫉妬にいかに対処しているのだろう？

嫉妬からポリアモリーを照らしてみると、彼らが目指す自己像や理想的な関係のあり方が見えてくる。本章では、ポリアモリーの「嫉妬」の世界に案内したい。

嫉妬という課題

同時に複数の人と関係を築くポリアモリーにおいて、嫉妬は大きな課題である。「嫉妬したことがない」と断言するポリアモリストに出会うこともあったが、多くの人がポリアモリー実践のなかで嫉妬を経験したことがあると答えた（左図参照）。ラヴィング・モアによって行われた「ポリアモリー調査」も同様の結果を示している。

ポリアモリーのマニュアル本では必ずといっていいほど嫉妬対策に項が割かれている。たとえば、アナポールのマニュアル本では下記のように嫉妬を分類し、その対策法を提示している。

①独占欲からの嫉妬
②疎外感からの嫉妬
③ライバル意識からの嫉妬
④エゴからの嫉妬
⑤不安からの嫉妬

ポリアモリー実践のなかで
嫉妬を経験したことがあるか？

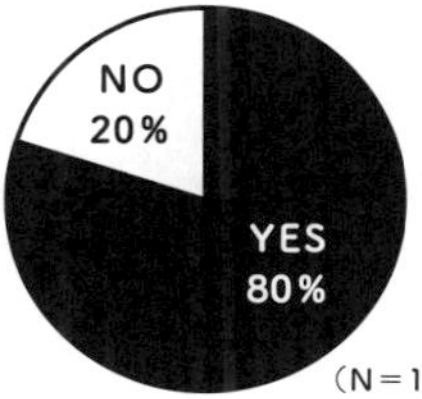

（N=1006）

わたしは嫉妬に関する語りを収集する際にこの分類（これらは明確に分類できるものではない）を便宜的に利用した。具体的には鮮明に記憶に残っているエピソードを話してもらい、その原因と思われる項目を①から⑤のなかから二つ選んでもらった。すると、多い順に、一、不安　二、ライバル意識　三、疎外感　四、エゴ　五、独占欲、という結果になった。

モノガミー社会において、パートナーに好きな人ができることは、自分がふられることを意味する。他方、複数の人との関係を許容するポリアモリーでは、パートナーに好きな人ができても問題がないように思われる。ところが、ポリアモリーにおいても「パートナーが自分のもとを去ってしまうのではないかという不安を抱いた」というケースが多数見られた。

疎外感に丸をつけた大半の人はトライアッドの人である。たとえば、「今、まさに疎外感を感じているよ」という男性は、一組の夫婦とトライアッドを五年実践している。普段は三人で過ごすことが多く、毎年、結婚記念を三人でお祝いしていたそうだ。しかし、「今年の結婚記念日は二人で旅行に出かけようと思う」と告げられ、二人はアリゾナに出かけてしまったらしい。こうした「自分だけ……」という状況をポリアモリー用語では「仲間はずれシンドローム *odd-one-out syndrome*」という。

「エゴから」と答えた人の嫉妬のストーリーから明らかになった特徴は、「愛する人のパートナーの性格が気にくわない」「愛する人のパートナーとして認められない」など、共有関係にある人に対する印象があまり良くないことである。

「独占欲から」と答えた人は非常に少数である。このデータを額面通りに受け取るなら、ポリアモリストが嫉妬したとしてもそれは独占欲からではない、ということになる。しかし、収集した嫉妬のエピソードは（一部をのぞいて）事後に語られたものであり、当人のなかで処理済みの出来事である点も考慮すべきであろう。ここで着目したいのは、彼らが嫉妬の経験を振り返ったときに「あれは独占欲からではなかった」と考えていることである。そこにはポリアモリーの思考ロジックが働いているように思われる。この点に関しては本章の後半（「束縛しない愛のかたち」）で考察する。

以下では嫉妬に関する二つのエピソードを紹介し、どんな状況において嫉妬が生じたのかを具体的に見ていきたい。

事例1　放置されたニコール：夫のモーガン（74ページ参照）に聞いたエピソード

「スウェーデンからきた女性に惚れ込んだことがあってね。僕と妻のニコールがポリアモリーを実践して一〇年くらい経った頃の話だよ。スウェーデンの女性とはポリアモリーのミーティングで知り合った。彼女は詩を愛し、僕と感覚がすごく合う女性だった。彼女は三ヶ月間ロサンゼルスに滞在していた。ニコールも僕が彼女に会いに行くことに賛成していた。僕はできるかぎり彼女と時間を過ごしたいと思い、週に三回は会っていたよ。ある晩、夜遅くに帰宅すると、ニコールはかなり取り乱した状態だった。「あんたなんか出て行け！」って。僕は泣きじゃくるニコールを見てハッとしたよ。最近、ニコールを気遣っていなかったたって。実際、僕はスウェーデンの女性に夢中だった。心のどこかで彼女を追いかけてヨーロッパに行きたい、って思っていたくらいだったからね」

この事例は、パートナーに新たな恋人ができたことが問題なのではなく、パートナーが新たな恋人に夢中になり、自分がきちんとケアされていないという状況が問題を生じさせている。このような状況は、他の嫉妬の語りにも共通して見られた。

事例2　比較する／されるエマ（72ページ参照）

「わたしがポリアモリーの世界に入って間もない頃の話よ。グレンに気になる女性ができたの。リンジーよ。彼女もわたしも彼の家族行事に招待されて、去年の感謝祭《サンクスギビング》も一緒にお祝いしたわ。でも、彼女は美人でスマートだし、一緒にいていつも惨《みじ》めな気分だった。それにケイトが彼女を可愛がるの。特にそれが嫌だったわ」

グレンはリンジーに自分の気持ちを告白するが、断られ、交際には至らなかった。しかし、その後も二人は互いの子供を介して会う機会も多く、エマの嫉妬は続いたようだ。

エマの嫉妬はリンジーとの比較によって引き起こされている。さらにこの事例は、グレンが自分以外の女性を気に入っているという理由からだけではなく、彼の「家族」であるケイトがリンジーを高く評価していると感じたこともエマの嫉妬の原因となったことを伝えている。似たようなことはモノガミー世界でも生じる。たとえば、夫のお母さんが自分よりもお兄さんの嫁を可愛がるなど。ポリアモリーの関係も、モノガミーの関係と同様に、血縁家族や友人関係などを巻き込んで展開されているのである。

嫉妬は善？ 悪？

では、ポリアモリストたちは「嫉妬」をどのように捉えているのだろうか。アンケート調査を基に、嫉妬の評価を「肯定派」「どちらでもない」「否定派」の三つに大別して考察していきたい。

最も少なかったのは「肯定派」である。嫉妬を「愛情の表れ」として捉えるポリアモリストは非常に少ない。少数ではあったが、「夫婦仲に新しい風をふき込んだ」というオープン・マリッジのケース、ＢＤＳＭ（185ページ参照）の実践者たちがエロスと結び付けて賞賛するケースが見られた。

また、「否定派」、つまり「嫉妬は悪」と捉えている人も意外と少ない。否定派の人びとのライフヒストリーとあわせて考察すると、元夫からのＤＶや元妻からの度を超えた執着を経験した人が「嫉妬は良くない」と捉える傾向が見られた。

最も多く、回答者の約八割を占めているのは「どちらでもない」である。彼らは嫉妬の善し悪しよりも、嫉妬が活用できるものであることを強調する。たとえば、「嫉妬は道しるべになる」「そこから学ぶことができる」「自分を見つめるのに有効」など。これら嫉妬に対する評価から、意識的に嫉妬とうまく付き合っていこうとするポリアモリストの姿勢がうかがえた。

嫉妬の処方箋・活用法

嫉妬というのは厄介《やっかい》な感情である。後から振り返って笑いながら語ることはできても、嫉妬にかられている最中は冷静ではいられない。では、嫉妬が生じたらどうしたら良いのだろう?

「嫉妬を感じたらどうしますか?」というアンケートをとったところ、「パートナーに打ち明ける」という人が一番多かった。マニュアル本にも「嫉妬が生じたら、まずパートナーに打ち明けよう」と記されている。打ち明けることそれ自体に嫉妬を和らげる効果があり、さらにパートナーとともに問題に向き合うことで不安を安心へと変えることができるからである。パートナーと一緒にカウンセリングを受けにいくケースも少なくない。

ポリアモリー・カウンセリングでよく使用される方法に系統脱感作法というのがある。これは不安を伴うイメージをリラックスした状態で生起させ、徐々に不安を軽減させていく方法である。たとえば、妻の新しい恋人に嫉妬してしまう夫のケースで説明しよう。まず夫に、不安を感じたり、嫉妬するシチュエーションを具体的に書き出してもらう。次に、それぞれの不安や嫉妬の度合いに応じて、「あまり感じない」から「耐えられない」までランク付けし、順に並べ替える。妻が新しい恋人とキスするのは平気だが、恋人の家に泊まることは耐えられないとしよう。リラックスした状態でまず、妻が恋人と食事している様子をイメージしてもらい、次にキスしている場面を、それも大丈夫なら、セックスしている状況を……とすすめていく。ここで不安や嫉妬を感じるようであれば、それが妻の恋人の家でなく自分たちの家ならどうか、自分が加わっていたらどうか、妻以外の自分の恋人（いなければ架空）を含む四人で旅行中という状況ならどうか、と設定を変えながらイメージしてもらう。このとき、妻と手を握りながらリラックスした状態をつくりだすと、より効果が高くなる。最終的に妻が恋人の家に泊まることを問題なくイメージできるまで繰り返し、現実に起きても対処できるようにするというのがこの治療の狙いである［アナポール 二〇〇四］。このセラピーは、不安を目に見えるものにすることで、コントロール可能なものにしていくという、精神分析などで使用される不安対処法をポリアモリー流にアレンジしたものである。

このようにパートナーと一緒に嫉妬問題に取り組むのが理想的ではあるが、なかには自分が嫉妬してしまうことを打ち明けられない人もいる。たとえば、事例2のエマも「嫉妬していることをなかなかグレンに伝えられなかった」という。そんなエマはインターネットでポリアモリーのサポートグループを検索し、電話カウンセリングを受けたそうだ。その他、パートナー以外の人の手を借りて嫉妬に対処する方法として、「ポリアモリーの友人に相談する」「ミーティングに参加する」「ポリアモリーのネット相談掲示板に悩みを投稿する」などがある。

また、自分一人で対処する場合には、ポリアモリー・サイト内の嫉妬克服に関する情報、マニュアル本、ヨガが活用されている。ちなみに嫉妬を軽減するための呼吸法も開発されており、それを実践する人もいる。

このようにポリアモリストは、なんらかの対処法を用いて嫉妬や不安が生じている現実と向き合う。あなたの場合はどうだろうか？　時間が解決するといい聞かせて放置することや、パートナーに不満や怒りをぶつけることもあるかと思う。あるいは、苦しむあまりに別れを選択することもあるかもしれない。決してそれらが悪いというわけではないが、無理をしたり、パートナーとの未来を諦める以外にも方法がある。むしろ、嫉妬は活用することができるとポリアモリストは考える。

では、ポリアモリストは、嫉妬を何のために活用するのだろうか。彼らは「自分のため」、そして「自分が参加している大切な関係のため」に活用するという。

マニュアル本で奨励されているのは、自分が本当に望んでいることはなにかを問うきっかけにすることである。「そもそもなぜポリアモリーを実践したいと思ったのか」「この関係を続けていきたいと真に望んでいるのか」「どんな状況が自分たちにとってベストだと自分は考えるのか」と。

また、嫉妬を「自分が参加している大切な関係のために活用する」というのは、自分たちの関係を冷静にメタな視点から眺めることで、なにか問題がないかを点検するきっかけにするということである。もっといえば、問題に一緒に向き合うことで、さらに絆を強くすることもできる。ポリアモリーにおいて嫉妬は、単に個人の心理状態というわけではなく、みんなで共有するべきものであり、みんなのために活用すべきものでもあるのだ。

パートナーが自分以外の人を愛して喜ぶ

ところで、「嫉妬の反対語は?」と聞かれたら、あなたはどう答えるだろう? 嫉妬を忌み嫌う人は「愛情」と答えるだろうし、マザー・テレサのように「無関心」という人もいるかもしれない。ポリアモリストの答えは、「コンパージョン *compersion*」である。「コンパージョン」という言葉は嫉妬の正反対の感情として、ケリスタ共同体（49ページ参照）が創った造語である。あるポリアモリー用語解説によると、「愛する者が自分以外のパートナーを愛していることを感じたときに生じるハッピーな感情」とある。具体的には、恋人が自分以外のパートナーについて嬉しそうに語ったときや、夫が自分以外のパートナーと幸せそうにしているのを目にしたとき、あるいは、妻が自分以外のパートナーとセックスを楽しんでいるのを目にしたときに生じる、といわれている。

そんなことってあるの？　と疑問を抱く人は多いだろう。残念ながら、わたしも「コンパージョン」を感じたことはない。また、ポリアモリーを実践する人なら誰でも「コンパージョン」を感得できる、というわけではないようだ。というのも、嫉妬と同様に、それは自分の意思によって引き起こせるようなものではないからである。

ここで、ある日突然「コンパージョン」を感じたというビルの事例を紹介しよう。

事例3　はじめてのコンパージョン

ビル（男性、五〇代）とジュディ（女性、四〇代）の結婚生活は二〇年目になり、五年前からオープン・マリッジに挑戦している。はじめの三年間はなかなかうまくいかず、ジュディに恋人ができるとビルは必ず嫉妬してしまう。自分に他の恋人がいても状況は変わらない。しかし、ジュディの現在の彼であるマーク（男性、五〇代）の存在はこれまでと違った。ビルとマークはなにかと気が合い、友人関係に発展した。

「二年前のジュディの誕生日。ジュディを実家に行かせて、僕とマークは一緒に料理をつくった。ジュディを驚かせたくてね。帰宅したジュディは本当に喜んでいたよ。三人でテーブルを囲んで食事をしているとき、心の底から幸せを感じた。（中略）それに、その夜、ジュディとマークがキスをしているのを見ても、嫉妬するどころか、幸せな気分になったんだ。コンパージョンってやつだよ」

現在、土曜の夜はたいてい、ジュディとマークと自分の恋人の四人で過ごしているようだ。みんなで食事をしたり、映画を鑑賞しているときに、ふと「コンパージョン」を感じるときがあるという。

わたしは彼らの口から「コンパージョン」という言葉を聞くと、いつももどかしい気分になった。いくらコンパージョンが素敵なものだと聞かされても実際にそれを感じたこともないし、パートナーが自分以外の人を愛しているのを見て幸福を感じている自分を想像することができないからである。それは「パートナーは独占することができる」という自身に染み付いたモノガミー的思考によるものなのかもしれない。では、パートナーを独占することのないポリアモリーでは、「パートナーになること」「所有すること」「愛すること」をどのように考えているのだろうか。

束縛しない愛のかたち

モノガミー社会の親密性とポリアモリーを比較したとき、大きく異なる点として「パートナーになること」と「所有すること」に対する考え方が挙げられる。モノガミー社会では、パートナーを独占することができ、結婚はその権利を確実なものにする、と考えられている。

よく、互いに束縛し合うカップルや夫婦を見かける。わたしの友人のなかには、毎晩お互いの携帯とパソコンを見せ合い、異性と連絡を取り合っていないか、履歴を消していないかチェックし合うという夫婦もいる。わたしには過剰な束縛に思われるが、友人はそれを「愛」だと信じて疑わない。

しかし、束縛しない愛のかたちもある。それこそポリアモリーが目指す「愛」のかたちである。

理想的な関係のあり方

しかし、それほど一緒の二人《ふたり》のあいだにも、自由な空間を置きなさい。

そして、そこに、天からの風をそよがせなさい。


愛し合っていなさい。しかし、愛が足枷《あしかせ》にならないように。

(中略)

一緒に立っていなさい。しかし、近づき過ぎないように。

なぜなら、神殿の柱はそれぞれ離れて立ち、樫《かし》の木と杉の木は、おたがいの陰《かげ》には育たないのですから。

［ジブラン 一九八八］

右記の詩は友人のポリアモリストから教えてもらった。この詩には、ポリアモリストたちの目指す自己や理想の関係が見てとれる。それは神殿というメタファーに表れている。

柱が近づきすぎれば、神殿は崩れてしまう。また、植物が互いの日陰では育たないという最後の言葉は、束縛によって互いの自己成長を妨害している状態を示唆している。この詩はタントラに関する文献にも引用されている。

タントラのおしえ

タントラ（133ページ参照）とは、思想や哲学を説くためのものでも、宗教でも神秘主義でもない。「己に目覚めるための現実的な方法」であり体系である。フィールド・エッセイ3で触れたように、「道を拡げる方法」と呼ばれることもある。

調査をすすめているうちに、ポリアモリーとタントラが密接に関わっていることに気がついた。もちろん全てのポリアモリストがタントラに関心を持っているわけではない。しかし、多くのマニュアル本がタントラに言及し、また、ポリアモリーの先駆者たちの多くがタントラと深く関わっている。そのような状況を考慮するなら、ポリアモリストたちの間になんらかのかたちでタントラの精神が浸透していると考えることができる。

タントラの特徴の一つは、「頭で理解するのではなく、実行せよ」というように実践に重きを置く点である。タントラでは理性に基づいた倫理的な思考には限界があり、自分の身体をつかって得られる理解の仕方があると考える。

そこで実践するのがヨガである。すなわち、タントラでは瞑想《めいそう》によって本源的な自己の探求を目指す。ポリアモリストのなかに、嫉妬が生じたときにヨガを実践する人びとがいるのはこのためである。自分の身体を使って、「今ここ」で起こっていることを感じ、理解し、受け入れるための実践。タントラではそういったヨガ実践こそが、客観的にものごとを見極めていく方法につながると考える。

いくつかのマニュアル本では、カップルや複数でヨガを行うことが奨励されている。実際、ポリアモリーのタントラ・ワークショップには、パートナー同伴で参加している人びとが多い。しかし、「こじれた関係の修復や関係の維持を目的とする場合は参加をすすめません。そうではなく、自分を掘り下げ、真の愛を育てようという準備ができているのなら参加を認めます」というタントラ・ワークショップも見られる。

ここでいう「真の愛」はさまざまに解釈することができるが、その一つとして「自己への執着」を放棄したところにある「愛」が考えられる。タントラにおいて「自己への執着」は「他者への執着」でもある。なぜなら、「他者への執着」——あの人を所有したい、自分だけの存在であってほしいという欲望——は自分を中心として世界を見るときに生じるからだ。インドの宗教を専門とする松長有慶《まつながゆうけい》によれば、タントラの目的は己を中心に世界が展開していると考える自己中心的な視点を破棄し、宇宙中心の視点に転換することである［松長 一九八一］。

愛を〈持つ〉べきではない

「パートナーになることと所有することは異なる」「所有することと愛することは異なる」、そして、「そもそも愛は持つものでもない」とポリアモリストはいう。これら彼らの言葉はエーリッヒ・フロムの警句を彷彿《ほうふつ》とさせる。

人間存在の二つの様式として〈持つこと〉と〈あること〉を取り上げ、二つの様式の違いを分析したことで知られる『生きるということ』において、フロムは愛を〈持つ〉ことについてこう述べている。

愛が持つ様式において経験される時、それは自分の〈愛する〉対象を拘束し、閉じ込め、あるいは支配することとの意味を含む。それは圧迫し、弱め、窒息させ、殺すことであって、生命を与えることではない。［フロム 一九七七］

さらに、人は愛を持つことができるという誤解のために愛することをやめてしまう、と付記している。

ポリアモリストは自己／他者への執着を否定し、互いに所有することなく愛し合うことを理想とする。だからといって、嫉妬は完全に排除すべきもの、というわけでもない。そもそも愛は苦しみや悲しみを包含しており、嫉妬が生じることも仕方のないことという認識を持ち、そうした苦しい現実をも受け止めていこうというのがポリアモリーの基本姿勢である。

それゆえ、ポリアモリストにとって嫉妬は、うまく付き合っていくものであり、活用すべきものとなる。さらにポリアモリーの嫉妬は「コンパージョン」に転換しうるものとして捉えられていた。この点がわたしたちの「嫉妬」と異なっており、ポリアモリーの「嫉妬」を特徴づけているのである。

7

メタモア——愛する人を共有《シェア》する

存在は、相互-共-存在することにおいてしか存在しえず、この単数的に複数的な共-実存の〈共に〉において、〈共に〉として循環する。

――ジャン＝リュック・ナンシー

複数の人を同時に愛するポリアモリー実践は、愛する人を誰かとシェアする実践でもある。

ポリアモリーでは、愛する人が愛する自分以外の存在を「メタモア *metamour*」と呼ぶ。メタモアは、愛する人を共有する相手でもある。

本章では、メタモア関係に焦点を当て、愛する人を共有するというポリアモリーの側面を見ていきたい。

まずは事例から紹介しよう。

事例1　わたしの知らない世界

ヘレナとザックは踊っていた。どこから見ても二人の世界に陶酔している。ヘレナにはザックとビートという二人の彼氏がおり（127ページ参照）、三人はともに暮らしている。

わたしたち四人はウエストハリウッドのイタリアンレストランにいた。その日は満月で、生バンドの演奏が入っていた。次の曲になると、わたしの隣に座っていたビートが立ち上がった。ビートは二人のところへ行く。わたしは三人にどのようなことが起こるか見守っていた。ビートがヘレナにお辞儀をしながら手を差し伸べる。自分と踊ってください、というジェスチャーだ。次の瞬間、彼の手をとったのはなんとザックだった。ビートは「おまえじゃないよ」とツッコミを入れるが、ザックは「ノー、ノー、俺が相手だ」というようなおどけた仕草をしている。彼らは三角関係につきものとされる「嫉妬」を笑いに変えてしまったのである。

ヘレナはすでにわたしの横にいた。彼らのパフォーマンスを見ながら、「いつもあんな感じよ。馬鹿でしょ?」と笑っていう。半分呆《あき》れたような彼女の顔が、わたしには幸せそうに見えた。「きっと三人は、わたしの知らない世界を生きているんだろうな」と。

あなたにとってメタモアとは?

事例1に登場したビートとザックは互いを大切な友人だという。マニュアル本やワークショップでは、メタモアと良き関係を築くことが奨励されている。しかし、「あなたにとってメタモアの存在は?」と尋ねてみると、「特に関心はない人」という人もいれば、「かけがえのない人」と答える人もいる。メタモアに会ったことがない人もいれば、長い間一緒に暮らしている人もいる。メタモアに実際に会ったことのあるポリアモリストは、自分のメタモアをどのように表現するのだろう。

顔見知り程度の知人。友人。親友。親戚。兄弟姉妹。家族。かけがえのない人。

「メタモアは親戚みたいなもんだよ」と答えた五〇代の男性は、その理由を次のように述べていた。

「妻には恋人が一人いて、僕の恋人には夫がいるから、僕にはメタモアが二人いる。僕らは一緒に暮らしてないけど、行事のときにはみんなで集まる。妻の恋人は妻を通して僕と繫がっていて、僕の恋人の夫は恋人を通して僕と繫がっている。このように愛する人を介して繫がる関係は、結婚して僕が妻の血縁家族と繫がっているのと同じようなものだと思う。メタモアだからといって、必ずしも仲が良いというわけではない。それも親戚と同じだよ」

他方、一緒に暮らしていたり、頻繁に交流しているメタモア同士は、「兄弟姉妹」や「家族」と答える場合が多い。

なかには、わたしには思いつかないような類似《アナロジー》で、自分とメタモアの関係を説明する人もいた。たとえば、親と子。パートナーの愛する人と自分が親子関係？　と驚いたが、彼女は次のように説明した。「親は子供が助けが必要なときに手を差し伸べられるように近くにいる。同時に、子供が自立できるよう、一歩下がってスペースをつくってもいる。

こうした親子関係とわたしたちのメタモア関係は似ているわ」。

メタモア同士の親密度は、どのようなポリアモリー関係を築いているかによってさまざまである。メタモア関係が良いことが理想とされているが、「自分にとって心地良い距離を保つことが大事」という意見も少なくない。

メタモアと親しくなったきっかけ

では、どのようなきっかけでメタモアと仲良くなるのだろう。メタモア同士は一緒に時間を過ごすなかで友人関係に発展することが多い。次の事例は、愛する人に関して相談したことが端緒となり、信頼関係が生まれたケースである。

事例2　相談がもたらした信頼関係

ディエーゴ（男性、五〇代）とティム（男性、四〇代）はアンドレア（女性、四〇代）を共有する関係である。ディエーゴはどちらかといえばもの静かで、こちらから話しかければ話すといったタイプの男性だ。ディエーゴとアンドレアはともに暮らしはじめて一五年が経つ。

一方、ティムは社交的で、どこにいても存在感のあるタイプだ。ティムとアンドレアは交際をはじめて七年になる。ティムとディエーゴはホームパーティーなどで顔を合わせることもあったようだが、二人は深く関わり合う仲ではなかった。

しかし、四年前に現れた新たな男性Cによって状況が変わった。アンドレアはCとデートすることに関して二人に了解を得ていた。しかし、しばらくしてティムがポリアモリーの友人からCの悪い評判を聞きつけた。それは「セックスだけを目的にいろいろな人をナンパするポリアモリー荒らし」という噂であった。

ティムはアンドレアを心配し、思い切ってディエーゴに相談した。自分だけでなくディエーゴにも関係があると考えたからである。その結果、ディエーゴとティムは、アンドレアを呼んで話し合いをした。「あの話し合いが、僕たちを今の関係にしたんだよ」とディエーゴは語った。

この事例からは、愛する人のパートナーを自分と無関係な存在とはしていないことが読み取れる。今ではディエーゴもティムも、互いを「かけがえのない存在」としている。ティムがディエーゴにしたように、愛する人に関する相談をメタモアにする、というケースは少なくない。このようなメタモア関係は、愛する人の存在を介して、互いが日常的にもゆるやかに繋がっている「顔の見える関係」であることとも関係している。ティムがディエーゴに相談をしたのは、「ディエーゴが自分と同じようにアンドレアを愛しているのなら、自分と同じようにアンドレアを心配するだろう」という想像力が働いたからである。

変化するメタモア関係

事例2はメタモア同士が良き関係へ変化した事例であったが、反対のケースもある。次に紹介するのは、姉妹のように仲良くしていたメタモア同士がライバルになってしまったという事例である。

事例3　結婚により引き裂かれた「姉妹」関係

カーラ（女性、二〇代）とニッキー（女性、三〇代）はエリック（男性、三〇代）を共有する関係で、三人はともに暮らしていた。ニッキーは三〇代なかばということもあり、両親からの「早く結婚しなさい」という圧力にここ数年間悩まされていた。その状況を見かねたカーラは、ニッキーとエリックに結婚することをすすめた。カーラは半年前の心境を次のように語っていた。

「わたしはニッキーより若いし、うちの親は結婚に関してうるさくいうタイプではないの。それに、わたしたち三人は四年間とてもうまくいっていて、わたしとニッキーは姉妹のようだったわ。実際の姉（血縁関係）より仲が良いくらい。だから二人が結婚しても、三人の関係が壊れるなんて思ってもみなかった」

しかし、ニッキーとエリックが法的に結婚すると、これまでのバランスが崩れはじめた。

「わたしはニッキーの両親にルームメイトとして紹介されていた。わたしは気を遣い、ニッキーの両親が訪ねてくるときは外出するようにしていたわ。でも、結婚して三ヶ月過ぎた頃から、ニッキーは友人が遊びにくる際も当然のように、外出してほしい、というようになったの。それに日が経つにつれ、ニッキーはエリックを独占するようになったわ。だからわたしもエリックと二人で過ごす時間を確保したいとお願いしたの」

わたしがこの話を聞いのは、カーラが家を出て二ヶ月が経った頃だった。彼女は週に三回エリックと過ごし、ニッキーとは必要最低限の連絡しか取らなくなっていた。カーラは「以前の方が心地良かった」といい、現在の状況について悩んでいる様子であった。

この事例では、結婚が引き金となり三人の均衡が崩れはじめた。そして、「ニッキーがエリックを独占するようになった」と感じたカーラは、自身もエリックを独占するようになる。こうしたカーラの欲望は、ニッキーの欲望を「模倣」することによって発生している。自分の欲望を満たそうとするとき、メタモアの存在は障害となる。

このような状況では「彼女も自分と同じように彼を愛している」という想像力が働くことはなく、メタモアは自分を脅かすライバル以外の何者でもない。これこそ、モノガミー社会における三角関係の典型的なモデルである。

自分の存在を支えているものをリスペクトする

しかし、いくらメタモアが嫌いでも、愛する人を介して自分とメタモアは繋がってしまう。自分と恋人がデートする日はメタモアと自分の恋人がデートする日に左右される。さらには、自分が結婚するタイミングや子供を産むタイミングにメタモアが関係してくる場合もある。ポリアモリーにおいてメタモアと自分は決して無関係ではいられない。もっといえば、現在築いている自分と愛する人の関係は、メタモア抜きには成立しえないのである。

メタモアに関するインタビューをしていると、好き嫌いや絆の強さに関係なく、現状をともにつくりあげている参加者として、メタモアをリスペクトしているポリアモリストたちが多いことに気がついた。そこには次のようなロジックが見られる。

自分は幸せだ。だから現在に感謝する。したがって、現在の状況をつくっているメタモアもリスペクトする。

また、「特に自分とメタモアは強い絆で結ばれた友情関係にあるわけではないが、メタモアに感謝している」と語る男性は、その理由を「自分の愛する人に影響を与えている人だからだ」と説明した。

モノガミー社会でときおり、パートナーの昔の恋人に対し嫉妬をしたり、嫌悪感を抱いている人を見かけることがある。しかしポリアモリーの思考に即して考えるなら、パートナーが元恋人を愛し、きちんと向き合っていたならいただけ、パートナーの元恋人はリスペクトに値する存在となる。というのも、元恋人は、現在自分が愛する人に影響を与えた人であり、愛する人に喜びを与えた人だからである。

フィールド・エッセイ4

疑似メタモア体験

約束の日曜日。ロサンゼルスでは珍しく激しい雨が降っていた。グレンの家に到着したのは午後五時過ぎ。エマはまだいなかった。

その日、まだ会ったことのないグレンの彼女であるエマと会うことになっていた。しかしそれは、パートナー同伴のインタビューとは少し違うものだった。

「エマに君を会わせたいと思っているんだ」

グレンがそう提案してきたのは先週のこと。遅かれ早かれ、エマに会いたいと思っていたわたしは、ぜひ、と即答した。よくよく話を聞いてみると、それはエマがわたしを気にかけている、という理由から企画されたものだった。

「最近、僕たちは定期的に会っているだろ？　エマはものごとをマイナスに考える傾向があるんだ。彼女は嫉妬しやすいタイプでね」

もちろん、わたしとグレンは恋仲ではない。だが、その頃わたしたちは多いときには週に二回、少なくとも一〇日に一回は会っていた。わたしとグレンが会う日程はグレンとエマのデート日に左右されていたし、おそらくエマがグレンとデートする日もわたしとグレンが会う日程に影響されていた。そのような意味で、わたしとエマはグレンを共有していた。グレンの話によると、エマはわたしのことをよく尋ねるらしい。

グレンが紅茶を入れていると、エマから電話が入った。遅刻するという知らせのようだ。きっと雨のせいだろう。ロサンゼルスでは雨が降るとフリーウェイが渋滞する。みんな雨の日の運転に慣れていないため、事故が起きたり、スピードを落とすからだ。

「君と話したいって」

グレンが携帯を渡してきた。

わたしと話したい、とエマが実際にいったわけではないと思う。グレンが「キクエはもう到着しているよ、少し話すかい？」というのを聞いていたし、エマはそれを受けて、ええ、と答えただけに違いない。

「エマよ。ごめんなさい、渋滞に巻き込まれて。もう少しかかりそうなの」

「大丈夫です。会えるのを楽しみにしています」

「わたしも。ではあとで」

三〇分経った頃、エマが到着した。髪が長く、スラッとした女性。体型に気をつかう女性だ、とグレンから聞いていた。わたしは彼女が趣味でマラソンをしていて、食後に一五種類のサプリメントを飲むことも知っていた。

わたしたちはレストランに行き、ディナーをとりながら話をした。

「あなたのこと、彼からよく聞いているわ」

嫌みっぽくもなく、かといって親しみが込められているわけでもない調子でエマはいう。

「わたしもです」

わたしの方では、どこかで彼女に嫌われてはいけない、という意識が働いていた。なぜなら、グレンとの間に築いていた良い関係を今後も維持したいと思っていたからだ。

「彼、頼りがいがあるでしょ？」

全くその通り。わたしはいつもグレンを頼っている。

「はい、いつも助けてもらっています」

と答えると、

「わたしもよ」

といってエマが笑い、グレンも笑った。

その日は、基本的にわたしとエマが会話し、グレンは補足する程度に会話に加わった。

グレンは満足そうだった。

＊

その後も、わたしとエマはグレンの携帯を通して繋がっていった。一緒にいるときにエマから電話がかかってくると、最後に「エマだよ」といって携帯が渡された。あるいは、エマだけど話すかい？　と聞かれ、それがイエスの法則だとわかっていたのだが、「ええ」といって電話をかわった。一ヶ月間くらいだろうか。わたしとエマは、携帯越しで話すという不思議な間柄になっていた。そのなかで、エマはオンラインで買い物するタイプであること、仕事が順調にいっていることなども知っていった。そしていつしか三人で食事に出かけるようになった。

「君のおかげで僕とエマの関係はさらに良いものになった。エマは変わったよ。成長したんだ」

ある日、車のなかで突然いわれて、びっくりしたのを覚えている。具体的なことは尋ねなかったが、それなら良かったと安堵《あんど》した。なにしろ、彼らの貴重な時間に割り込んでいたのだから。おそらく、グレンが電話を介してわたしとエマを繋げようとしたのは、エマを安心させるための彼なりの配慮だったのだろう。

さて、ポリアモリーに対して、「彼らは本気で愛してないから、愛する人に好きな人がいても平気でいられるんだ」という人がいる。それに対し、「愛しているからこそ、愛する人の好きな人を受け入れる」というのがポリアモリストの反論だ。このポリアモリストの言葉は彼らのロジックを説明するものだが、表面的に受け取られる危険もある。心が広い人たちなのね、と。

しかし彼らは単に心が広いから、あるいは本気で愛していないから、メタモアを受け入れているわけではない。調査でわたしは、メタモア同士、あるいは三角形の頂点に位置する人物が互いに思いやる姿を幾度となく目にした。彼らの配慮は、彼らの複雑な思いや状況を表していた。それらを思い返すと、「本気で愛してないから、愛する人に好きな人がいても平気でいられる」と判断することは、暴力的な行為にすら思える。

とはいえ、愛する人を共有する感覚は未だによくわからない。メタモア関係は奇妙で不思議、という思いはフィールドワークを終えた後も変わらない。ただそこに、すこし羨ましい、という思いが加わったこと以外は。

8

性

信頼は、相手の感覚と諸力にしがみつく。スカイダイバーが、相棒のパラシュートを持ってあとを追って降下するときの信頼には、どこかエロティックなものがある。

——アルフォンソ・リンギス

性革命の落とし穴

ポリアモリーにおいてセックスは肯定されるものであるが、それは快楽を追求するフリーセックス主義とは異なる。この点が一九六〇年代や七〇年代の性革命とポリアモリーとの大きな違いである。すでに第2章でも触れたが、性革命について少し言及しておこう。

性革命に多大な影響を与えた人物としてライヒが挙げられる。フロイトの門弟であり、マルクス思想を経由したライヒは、人間の根源たる性を解放することで人間解放を唱えた。このラディカルな思想はヒッピーたちに支持され、性革命という未曾有な現象に発展した。ライヒの提唱する人間解放論を簡単に説明するとこうなる。わたしたちは欲望を持った生き物である。そして、わたしたちの生きる社会には、禁じられたもの、抑圧がある。問題を解決するために、禁止されたものを吹き飛ばそう。

この図式はケイト・ミレットの『性の政治学』(一九八五)のなかに端的に示されている。

性革命は、おそらく何よりもまず、従来の性にたいする禁圧《インヒビション》やタブー、とくに父権制的単婚を脅かすもの、すなわち、同性愛、「私生児」、十代の性、婚前および婚外性愛などのタブーを打ち破ることを求めるであろう。

しかし、性革命には落とし穴があった。フーコーの言葉を借りれば、性革命では自由の実践という問題がすっかり抜け落ちている。つまり、自由をいかに実践することができるのか、という倫理的な問題が依然として残されてしまっているのである［フーコー 二〇〇六］。

フーコーが指摘するこの倫理の問題こそが、ポリアモリーの重要な課題である。すなわち、いかに倫理的に複数の人と性的な関係を持つことが可能なのか、という課題に真摯に向き合っているという点で、ポリアモリーは性革命と一線を画しているのである。

配慮のあるセックス・ライフ

「倫理的に複数の人とセックスをする」という課題に取り組むポリアモリーであっても、世間からの風当たりは強いようだ。「合意のあるノン・モノガミー」に対する一般の人びとの意識調査を行ったミシガン大学の研究者たちは、ノン・モノガミーの人びとには「性的にリスクを負った倫理の欠如している人」という否定的なステレオタイプが付与されていることを明らかにした〔Conley, Moors, Matsick & Ziegler 2013〕。

　この調査報告の興味深い点は、人びとがノン・モノガミー実践者に否定的なステレオタイプを見出しているにもかかわらず、モノガミー関係にありながら他の人と性的関係を持つ人びと（日本でいうところの「浮気」や「不倫」をしている人）の方が、実際は性的なリスクが高い、と結論している点である。その理由として、合意あるノン・モノガミーの人びとの方がコンドームを使用する率が高く、性感染症（以下ＳＴＩ）検査について話し合いをする傾向があることを挙げている。

　実際にポリアモリストのコンドーム使用率は高い。「ポリアモリー調査」を参照すると、セックスのときにコンドームを使用する、と答えた人は八割にのぼる。

　おそらくモノガミー社会において、ＳＴＩのリスクやＳＴＩ検査を一緒に受けに行くことについて話し合う夫婦やカップルは少ないだろう。自分とパートナーの関係が「誠実」なものであるなら、ＳＴＩは自分とは無縁であるという前提があるからである。他方ポリアモリーでは、性に関する問題についてパートナーときちんと話し合うことが奨励されている。とはいえ、性にまつわる事柄は話しにくくはないのだろうか。

　図１と図２を見てみると、多くの人がコンドームの使用やＳＴＩのリスクについて話し

図1：コンドームについてパートナーと話し合うこと

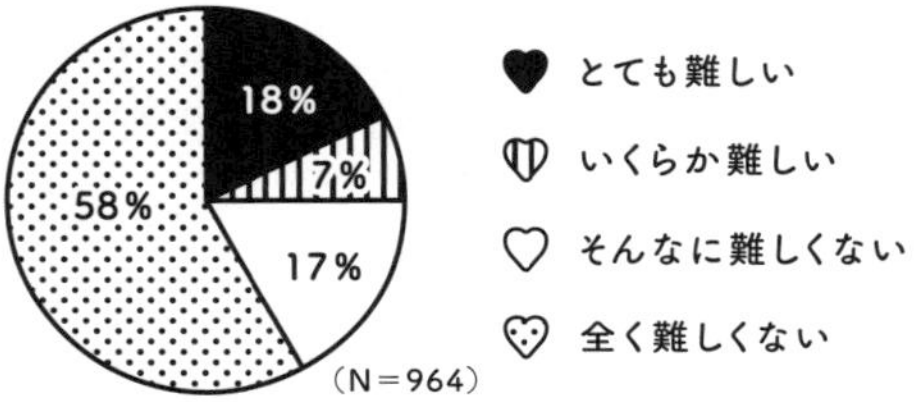

図2：STIリスクについてパートナーと話し合うこと

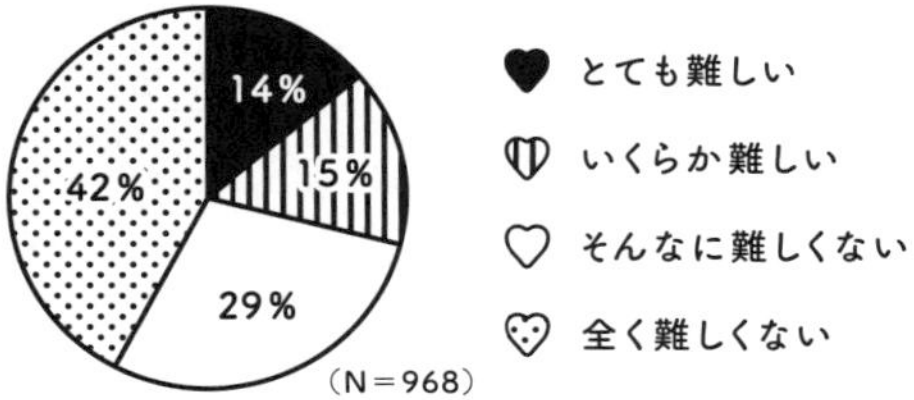

合うことは難しくない、と答えている。だが、ミーティングでは次のような悩みを抱えたポリアモリストの姿も見られた。

事例1　付き合う前にSTI検査？

「わたしはオープン・マリッジを実践して七年になります。夫以外に彼氏が一人います。最近、素敵な男性に出会い何度かデートをしています。夫にその素敵な男性について話すと、交際するのは構わないが、その前にSTI検査を受けてもらってほしい、といわれました。しかし、いくらその男性と良い雰囲気になっているとはいえ、交際前からSTI検査を受けてほしい、とはいいにくいのですが……」

ミーティングでは、彼女の相談に対して「その気持ちもわかるが、交際したいならきちんと伝えるべきだ」という意見が大多数であった。また、「大事なことを話せない関係なら、今後交際しても問題になる」といった発言も見られた。一ヶ月後、再びミーティングに現れた彼女に、結局どうしたのかと尋ねてみた。

「彼に自分から交際したいことを伝えたわ。そのとき、夫の思いも伝えたの。そうしたら彼も交際したいと思っていたって。ＳＴＩ検査を受けに行くよ、といってくれたわ」

安全なセックスは自分の身体への配慮だけでなく、パートナーへの配慮にも繫がっている。また、パートナーへの配慮に関し、セックスを利用したポリアモリー独自の工夫も見られる。たとえばパートナーの嫉妬や不安を安心に変えるために、３Ｐなど一緒にセックスをするというものである。あるポリアモリー・カウンセラーによれば、毎回でなくても良く、一度か二度試すといいそうだ。

ポリアモリストには、自分にもパートナーにも配慮し、安全にきちんとセックスをしよう、という姿勢が見られる。

以下ではポリアモリーと隣接する三つのオルタナティヴ・コミュニティを取り上げ、ポリアモリーの性を考察していこう。その三つとは、スワッピング、BDSM、タントラである。

ポリアモリーとスワッピングは別物!

ポリアモリストは、自分たちとスワッピングをする人びとは異なっていることを強調する。第1章でも述べたように、スワッピングはその場限りの身体的な繋がりのみを求めるが、ポリアモリーは感情的にも深く関わる長期的な関係を築くことに関心を持っているからである。

インタビューでスワッピングに興味がない理由を尋ねると、「セックスだけの関係はいらない」「誰でもよいというわけではない」「愛する人としか性的関係を持ちたくない」「見ず知らずの人とセックスするなんて怖い」という答えが返ってきた。

「ポリアモリー調査」によると、人生のなかでセックス・パーティーに参加したことがある、と答えたポリアモリストは、男性が三〇%、女性が二二%となっている。実際に参加したことがあるポリアモリストに話を聞くと、「自分が求めているものと違った」「その場限りのセックスは非常に空しい」という。

ここで、ポリアモリストになる以前に一度だけ、スワッピングのパーティーに参加した経験がある、というマイクの話を紹介しよう。

事例2 マイクとジーナの性の冒険

マイク（82ページ参照）がジーナと結婚して四年目の頃の話である。当時二人は二八歳で、友人の多くが一回目の離婚を経験していた。マイクとジーナの関係はいたって良好で、離婚どころか年を重ねるごとに絆は深まっていた。二人はなんでも話し合う仲で、性生活にも満足していた。

あるとき、好奇心旺盛なジーナが「わたしたちならいろいろ探求できると思う」といい、スワッピング・クラブに行くことを提案した。ジーナは自分たちの関係はそんな簡単には壊れない、と強く信じていた。マイクもジーナと同じように感じていたため、彼女の刺激的な提案に乗ることにした。

スワッピング・クラブの会場に到着すると、すぐに感じの良い夫婦が声をかけてきた。男性の方に誘われたジーナは、あとでね、といってマイクの元を去った。残されたマイクは、女性に誘われるまま別室に行った。そして二人は互いに違う人と性的な関係を持った。

ここまではマイクが想像していた通りだった。

しばらくして、マイクは大広間でジーナと再会した。マイクはジーナが浮かない顔をしていることにすぐに気づいた。普段ジーナは、自分の身の周りに起こった非常にささやかなことですら、マイクとシェアしたがった。しかしこのときはなにも口にせず、どこかよそよそしく振る舞っていたのである。

その後、マイクとジーナと彼らを誘った夫婦の四人は、ソファで世間話をした。帰り際に社交辞令も兼ねてマイクが二人の連絡先を尋ねると、自分たちは連絡先を教えない主義であることを女性が説明し、ここに来ればまた会えるわ、といった。マイクとジーナは後味が悪いまま会場を去ることになる。

帰りの車のなかではしばらく沈黙が続いた。ジーナがついに口に出した言葉は、「わたしたち、間違えたことをしてしまったかも」。そして、泣きながらこの件を提案した自分を責めはじめた。マイクは自分たちの関係がこれまでとは違うものになってしまうのではないか、という嫌な予感がした。

マイクの予感は的中した。二人はそれまで通り一緒に暮らしたが、ぎこちなさが消えることはなかった。半年後、マイクはジーナから「離婚したい」と告げられ、二人の結婚生活は終了した。

マイクとジーナの性の冒険は失敗に終わった。昔語りを終えたマイクは、「あの頃は二人とも若く、なんでも試してみないと気が済まなかった。僕たちはよく考えることもなく、心の準備ができていないまま、冒険してしまった。実際に経験して、自分が求めている世界ではないことがよくわかったよ」と苦笑いしながら付け加えた。

このようにスワッピングとポリアモリーは、性愛関係を一人に限定しない「ノン・モノガミー」という同じカテゴリーのなかにあるが、求めているものや考え方などは明確に異なっているのである。

ポリアモリーとBDSMの複雑な関係

「SM」という言葉は日本でも耳にするが、「BDSM」という言葉はあまり馴染みがないかもしれない。BDSMは、「B」ボンデージ（Bondage：捕らわれの身）、「D」ディシプリン（Discipline：主従関係における懲戒）、「S」はサディズム、「M」はマゾヒズムの略である。また、DS関係ともいい、「DS」は、ドミナンス（Dominance：支配）とサブミッション（Submission：服従）を意味する語として使用されている。

ラヴィング・モアの「ポリアモリー調査」を参照してみると、ポリアモリストでかつBDSM実践者である人（以下、BDSMポリアモリー）は三〇％を占めている。ここで、BDSMポリアモリーに関するフィールド・エッセイを紹介しよう。

フィールド・エッセイ5　BDSMポリアモリー

グレンの部屋に到着したエマがすること。

まず寝室に行き、黒いボックスを持ってくる。グレンにそのボックスを手渡し、左脚を差し出す。グレンはボックスから、シルバーの鈴がついた黒い革ひものアクセサリーを取り出し、それを丁寧にエマの足首に巻き付ける。作業が終わると、グレンはエマの頬を両手で包み、目を閉じ、ゆっくりと七、八秒かけて彼女のおでこにキスをする。まるでエマの頭の中に自分の息を吹き込むみたいだ。

ここまでが二人の儀礼である。鈴がついたアンクレットは、エマがグレンの奴隷であることの象徴だそうだ。エマが歩くたびにリンリン、リンリン、と高い鈴の音が広がる。

＊

ポリアモリーの本でBDSMについて言及したものは少なく、BDSMとポリアモリーの繋がりについては全く気にとめていなかった。しかし、ポリアモリーのフィールドワークを開始し、わたしはBDSMの世界を知ることになる。

日本のSM事情はよく知らない。しかしロサンゼルスの実践者たちに聞くところによると、BDSMにはグラデーションがあるようだ。グレンに「あの人もBDSM？」と聞くと「彼もプレーするだろう。でも彼はセックスのときだけプレーをするドミナントだね」というういい方をする。その物言いは、性行為のときにだけSMプレーをする人と、日常的に主従関係を結んでいる自分たちとは少し違う、という意思表明のようにも聞こえた。

日常的な主従関係。それは、亭主関白の夫が妻に「お茶！」と命令するような関係ではない。配慮を伴った、強い信頼に基づく主従関係のようだ。どこかオリジナルの権力関係を築くプロセスを楽しんでいるようにも見えた。

グレンは、「自分にはエマの幸せに対する責任がある」といっていた。エマの健康に対してもグレンが責任を持っているらしい。ささやかな例だが、エマが風邪をひいたとき、二人はこんな会話をしていた。

「なんだか頭が痛いわ。風邪ひいたみたい」

「エマ、君は一日にコーヒーを何杯飲んでる？」

「五杯くらいかしら」

「よく眠るためにも、この三日間はしばらく一杯にしなさい」

「わかったわ」

エマにとってグレンは良きアドバイザーでもある。エマとグレンは出会った当初から互いにＢＤＳＭに関心があることを知っていた。二人が知り合った「ＯＫキューピッド」というオンライン・デーティング・サイトには、性的嗜好《しこう》に関する質問事項もあるからだ。

エマに、なぜグレンを主人にしたの？　と尋ねると、「いくつか理由はあるけど。信頼したいと思った相手だから」と答えた。

そのきっかけとなったのは、オーケストラの演奏会だった。まだ交際をはじめて間もない頃、エマは自分が演奏するコンサートにグレンを招待していた。当日リハーサルの一時間前、エマはヴァイオリンを家に忘れてきてしまったことに気がついた。エマはどうしたら良いかわからず、グレンに電話をして事情を説明した。取りに帰る時間はない。しかし、グレンの指示通りにしたら、なんとか危機を乗り越えられた、という。

この話を聞いたとき、グレンじゃなくても同じようにアドバイスしたかもよ、と心のなかで思った。しかし、彼の落ち着きのある穏やかな声がエマを冷静にさせたのかもしれないし、彼の論理だった物言いに説得力があったのかもしれない。また、相性占いで相性が九八％であったことも、エマがグレンに一目置いた理由の一つだ、という。とにかく、いろんな条件と偶然が重なり、エマはグレンを信頼し、自分のご主人様に選んだようだ。

　わたしとグレンとエマはときどき三人で出かけた。実際、二人のやりとりを見ていると、主従関係があるように見えないことも多々あった。グレンは常にエマをお姫様のように扱っていたし、なんの記念日でなくても花束を贈ることもある。みんなの前でエマを最高の女性と讃え、エマのわがままな要求に応えることもあった。

　その他の主従関係にある人びともそうだった。たとえば、モーガンはニコールのご主人様だが、はたから見る限り二人はおしどり夫婦のように見える。彼はニコールの機嫌が悪い朝、彼女の好きな朝食をつくって彼女のベッドまで運ぶそうだ。ご主人様としての努めは、「Ｔｏ Ｄｏ《やること》リスト」を作成し、「今週、君がやるべきことはこれだよ」といって手渡すことや金銭管理だという。

＊

パシッ、パシッ。パシッ、パシッ。

モーガンがニコールの大きなヒップを鞭《むち》で打つ。君のことは隅々まで知り尽くしている、というように。

彼らはロサンゼルスにあるBDSMクラブでパフォーマンスをしていた。乾いた鞭の音は大きく、音楽に掻き消されることはない。ニコールが歓喜の声をあげると、周囲から「もっと、もっと」「わたしも、わたしも」という声が沸き立った。白人の客が多かった。

ここに来る五日前。モーガンから「週末、ニコールとクラブでパフォーマンスするんだけど、来ない?」というメールをもらった。わたしは一人で行くのが不安だったので、ポリアモリストの友人アレックスを誘った。

アレックスは三〇代前半のポリアモリストで、わたしのスーパー銭湯仲間でもある。わたしはアメリカでのシャワー生活に耐えられず、お風呂に浸かりたくなるとダウンタウンにあるスーパー銭湯に行っていた。ヌーディストであるアレックスは、裸でゆっくり時間を過ごせる場所、ということでそこを気に入っていた。わたしもアレックスも料金が安くなる火曜日限定で通っていたため、男女共有のお休み処で顔を合わせる機会が多く、次第に仲良くなったのだ。

アレックスの返事は、「ＯＫ、空いてるよ」。そこでモーガンに「友達一人連れて行くけどいいかな？」とメールをした。すると、「どんな友達？」とすぐに返信がくる。「ポリアモリストでいい子だよ」と再び返すと、モーガンから電話がかかってきた。

「ポリアモリストでもＢＤＳＭを良く思わない人や、ＢＤＳＭ実践者でもポリアモリーを良く思わない人がいるんだ。僕にはニコールを守る義務がある。そのクラブは僕たちがパフォーマンスできる安全な場所。君の友達は……」

「アレックスは大丈夫だよ。キンキー（ＢＤＳＭ実践者の別称）じゃないけど、先月もＢＤＳＭのハロウィン・パーティーに行ったみたいだし」

「わかった。君を信じるよ」

そんな経緯で、わたしはアレックスと一緒にモーガンとニコールのパフォーマンスを見ることになったのだ。

わたしが目にしたＢＤＳＭパフォーマンスは、極めて身体的なものだった。しかし、モーガンにいわせると、ＢＤＳＭはマインド・プレーらしい。そしてその核にあるのは、互いの信頼だと彼はいう。

この人になら自分の欲望も綺麗な部分も汚い部分も、弱いところも強がりなところも、全て曝《さら》け出してもいい。BDSM実践者ではないわたしだって、そう思う瞬間がある。

しかしBDSMにおける信頼関係が特異なのは、自分を任せる方／任せられる方というように、互いの役割が明確な点にある。究極的にいえば、自身の生を主人に委ねた奴隷と、責任を持って奴隷の生を預かる主人。こうした関係は、関係それ自体が特殊なエロスを有しているかのように思えた。

BDSMポリアモリーとなると、事情が少し複雑になる。

エマはグレンを含む四人と交際している。彼女は自分の交際相手に関しても主人であるグレンにアドバイスを求めていた。ちなみにグレン以外の彼氏はBDSMに興味はない。

エマの彼氏たちと会ったとき、なにか彼らがグレンに気を遣っているようにも見えた。後でその話をグレンにすると、「彼氏のなかでも僕は特別だからね」という。グレンにエマと結婚する気はないのか、と尋ねると、「それはない。僕たちは恋人である前に、主人／奴隷の関係だから」と答えた。そこで、もしエマが誰かと結婚してポリアモリーをやめたら？　あなたとの関係を絶ったら？　と意地悪な質問をしてみた。

グレンは一瞬沈黙し、「それは悲しい」と答え、それ以上なにも付け足さなかった。

帰国の一〇日前。エマとグレンとわたしは久しぶりに三人でランチをした。

エマに近況を尋ねると、新しい彼氏の話をはじめた。どんな人で、どこで知り合ったのか。どんなメールのやりとりをしたのか。一回目のデートはどこで何をしたのか。

エマの話はすでにグレンから聞いていた内容だった。グレンがいうように、エマは新しい彼に夢中のようだ。思い出しながら零《こぼ》れる自然な笑み。好きな人に愛されていることを語る女性というのは、いくつになってもチャーミングだなあ、と思いながらわたしはエマを眺めていた。

グレンに目を向けると、彼は微笑みながらエマを見守っていた。グレンはいま、一体どんな心境なんだろう?

グレンからのメールによると、わたしが日本に帰国して約三年が経った現在も、二人は仲良く交際しているようである。

＊

ところで、なぜＢＤＳＭ実践者でポリアモリーを実践する人が出現するのだろうか。その理由の一つは、ＢＤＳＭパートナーとライフパートナーが必ずしも一致しない、ということがある。先のフィールド・エッセイに登場したエマとグレンが良い例である。グレンにとってエマは、結婚する気はないが、かけがえのない存在であった。

BDSMポリアモリストであるワーグナーは、自身のブログのなかでBDSM実践者がポリアモリーをうまくマネジメントする傾向を指摘している［Wagner 2010］。BDSM実践者は、自分の求めていることが明確であり、自分の役割をしっかりと認識している。他方、ポリアモリーではトラブルを回避するために常に自分の立ち位置をきちんと把握していることが重要となる。したがって、BDSM実践者はポリアモリーをうまく実践していくための資質をはじめから有している、というのがワーグナーの分析である。

しかし、先のフィールド・エッセイでモーガンが危惧していたように、BDSM実践者のなかにはポリアモリーを快く思わない人たちもいる。彼らがポリアモリーを懸念する理由は、基本的にDS（SM）関係は〈一対一〉の関係だからである。主人や奴隷が複数になるポリアモリーBDSMでは、関係における個々の役割がわかりにくくなってしまう点が問題となる。

また、自分の奴隷に複数の主人がいることに対して悲しみを感じたり、その逆のパターンもある。グレンは自分の奴隷であるエマに自分以外の恋人がいることは問題ではないが、エマに自分以外の主人がいることは考えられない、といっていた。

さらにBDSMポリアモリーでは、嫉妬問題においても複雑になる。

BDSM実践者のなかには、セックスよりもBDSM行為に意味を見出す人びとがいる。そのような人びとにとって、自分のBDSMパートナーが誰かとセックスすることよりも、自分以外の人とBDSM行為をすることの方が耐えられない。わたしとあの人の関係だからこそBDSM行為ができる、という認識から生じている。それは、特別な関係に他者が参入することは、嫉妬や悲しみを生じさせる。自分と使う道具をパートナーが他の人に使うことを厭《いや》がるBDSM実践者もいる。

BDSMとポリアモリーの関係は複雑である。しかし、近年BDSMコミュニティにおけるポリアモリーの認知度は上がり、BDSMポリアモリーを実践する人が増えてきているようである。

性エネルギーを解き放つ

第6章で言及したタントラ（155ページ参照）は、セックスを肯定的に捉える思想として知られている。タントラでは性エネルギーは神聖なものであり、性行為は人間が自身に目覚める上で役に立つ、と考える。

このようにタントラが性を評価するのは、タントラが、いまここ、という現実重視の思想であることに関連している。タントラは現在自分を取り囲んでいる生の営み全てに目を向けさせる。そこには性の営みも含まれている。タントラでは、性行為を通して高次のエネルギーを引き出し、意識を拡大する術を教えている。

ポリアモリー・ムーヴメントの先駆者の一人であるアナポールは、性的エネルギーを解き放ち、それを意識的にコントロールすることは一対多の関係を成功させるために不可欠であると記し、タントラのワークショップを全米で展開している。

9

ポリファミリー

自分とは異なる〈他者〉を受け入れることは、自分の人生を豊かにする道具《ツール》になりうると信じている。

——友人のポリアモリストW

「家族する」こと

「ポリファミリー」とはポリアモリストが形成する家族のことであり、成人三人を最小単位としている。

さて、ここで質問をしたい――あなたにとって家族とは誰ですか？

多くの人は、血縁や法的な繋がりのある「誰か」を思い浮かべたのではないだろうか。あるいは一緒に暮らしている「誰か」かもしれない。他方、ポリアモリストがファミリーとして挙げる人物は、必ずしも血縁関係や婚姻関係にあるわけではなく、一緒に暮らしているとも限らない。また、第7章で見たように、自分のパートナーが愛する人（メタモア）をファミリーとする人もいる。そういったメタモア同士は血や法のみならず、性の絆も介していない。つまりポリファミリーは、一対の男女の性愛や血縁を基盤とする「従来の家族」像に当てはまらないのである。

インタビューのなかで、「わたしたちは選びとった家族（family-by-choice）よ」と表現するポリアモリストにたびたび出会った。この表現には、家族は所与のものではなく意識的に築いていくものという認識が見られる。彼らにとって重要なことは「家族する」ことなのである。では、ポリアモリストはポリファミリーという関係性をいかに生きているのだろうか。

ポリファミリーにはさまざまなかたちが見られる。それは、ポリアモリーのかたちが多様であることに起因している。本章では、①同居型ポリファミリー　②異居型ポリファミリーに大別して検討していきたい。

同居型ポリファミリー

「同居型ポリファミリー」とは、文字通り、同一の住居に居住しているタイプの家族である。まずは、子供のいる同居型ポリファミリーの事例を見てみよう。

事例1　三人が互いに愛し合うタイプのファミリー

トーマス（男性、四〇代）、リリー（女性、三〇代）、ダン（男性、二〇代）は家族としてともに暮らしはじめて四年が経つ。トーマスとリリーは結婚しており、彼らが結婚二年目の頃にダンが加わった。トーマスとダンはバイセクシュアル、リリーはヘテロセクシュアルと認識している。三人は互いに愛し合うタイプのトライアッドである。寝室にはベッドが二つあり、誰がどこに寝るかというルールは特に決まっていない。セックスは二人ですることもあれば、三人ですることもある。

離婚経験者であるトーマスには元妻との間に二人の子供がおり、その子供たちは週の半分をトーマスたちの家で過ごしている。一家の家計はトーマスが支え、育児はリリーが担当し、家事はリリーとダンが協力して行っている。

工夫や問題点

リリーが育児を担当しているように、子供のいる同居型ポリファミリーでは、家事や子育ての担当者が決められているケースが多い。そこにはさまざまな工夫が見られる。たとえば、ファミリー成員がお金を出し合い、育児や家事の担当者に給料として定額を支払うという工夫が挙げられる。育児や家事の担当者は「ビッグママ」と呼ばれることがあり、ビッグママと子供に血縁の繋がりがあるとは限らず、また男性が担当していることもある。

同居型ポリファミリーで問題となりやすいのは、金銭や子育てを巡ってである。たとえば、車を購入するタイミング、子供を私立の学校に行かせるか否か、子供にどんな習いごとをさせるかなどの意見の相違から、ファミリー成員が衝突することがある。

こうした問題は家族会議で話し合われる。同居していても、あえて定期的に家族会議を設け、みんなで集まる時間をつくっているケースは少なくない。

さて、事例1ではファミリー成員が互いに性愛を介して繋がっていた。同じく一つ屋根の下で暮らすタイプのファミリーでも、ファミリー成員同士が性愛や愛する人を介して繋がっていないこともある。

事例2　コミューン型ファミリー

シェーン（女性、五〇代）とグレッグ（男性、五〇代）とマット（男性、五〇代）とジョー（男性、五〇代）の四人はともに暮らしている。シェーンとグレッグはオープン・リレーションシップを実践しており、マットとジョーはそれぞれシングル・ポリアモリーである。マットとジョーは、シェーンやグレッグと性愛を介していないが、二人ともシェーンと「水兄弟」（72ページ参照）の関係にある。彼ら四人は互いを「ファミリー」として認識している。

このファミリー成員はそれぞれが個室を持っており、各々の得意分野を生かした役割分担がされている。

この事例において、彼らを繋げている絆はポリアモリーという共通の理念になる。このようにポリアモリー理念を共有する人びとが集まり、「グループ・リビング」をしているケースもあるが、ともに暮らしている人を「ファミリー」とするか否かは、人によって異なっているようである。ここでは、「ファミリー」としてグループ・リビングしているケースに限定して話をすすめたい。

コミューン型ファミリー

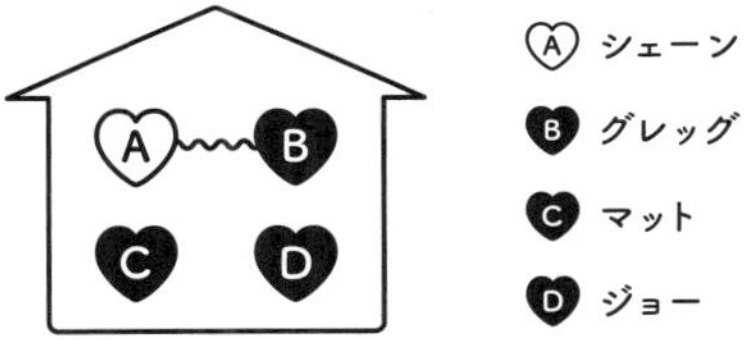

このタイプのファミリーにおいて特異な工夫や問題は、血縁親族に関わる事柄である。たとえば、介護を要するファミリー成員の親を同居させ、協力してケアする工夫が見られる一方で、ケアの共同を希望する者としない者の対立も見られる。浮上した問題は、家族会議で話し合われ、対処されていた。

水は血と同様に濃い？

事例2で注目してみたいのは、「水兄弟／水姉妹」という関係である。この語は全世界教会（65ページ参照）の人びとによって使用されることが多く、水を分かち合う儀式によって契約される兄弟関係を指す。「水兄弟／水姉妹」が持つ意味は人によって異なるようだが、シェーンにとっては単に「親しい者」というより、「かけがえのない存在」であるという。

モノガミー社会では、結婚すると友人と会う機会が減るなど、友人との関わり方が変化することがある。とりわけ異性の友人とは疎遠になりがちである。しかし、この「水兄弟／水姉妹」は生涯を通じて助け合うことを契約しており、ライフサイクルに影響されることなく深く関わり合う。

事例2のように「水兄弟／水姉妹」同士が一緒に住んでいるとは限らない。たとえば、二五年来「水兄弟／水姉妹」関係にあるグレンとケイト（72ページ参照）は、一緒に住んだことも性関係を持ったこともないが、互いにファミリーとして認識している。彼らは近所に住んでおり、毎週金曜のランチをともに過ごしている。またケイトはグレンの子育てにも、グレンの父のケアにも関与している。

異居型ポリファミリー

次に見ていく「異居型ポリファミリー」とは、同居せず互いの家を往来しながら築かれる家族のことである。三〇年にわたってポリアモリー・カウンセラーを行ってきたラブリオラは、自分の運営するサイトのなかで、近年、こうした共住を伴わないポリファミリーが増えていると報告している。

異居型ポリファミリーの例として、シエラのファミリーを紹介したい。シエラは子育てのサイトを運営しており、フリーのライターでもある。なお、この事例はフィールドワークで収集したものではなく、彼女のエッセイやブログ、ラジオ出演の際に話していたことをわたしがまとめたものである。

事例3　複雑すぎるシエラのファミリー

シエラ（女性、三〇代）と夫のマーティン（男性、四〇代）は結婚して一〇年になり、結婚当初からオープン・マリッジを実践している。現在一八歳、七歳、四歳になる子供がいる。

シエラはバイセクシュアルで、モーリー（女性、三〇代）というガールフレンドがいる。モーリーとは交際三年目になり、週末と平日の夜一日を一緒に過ごしている。

モーリーとモーリーの夫ディヴィッド（男性、四〇代）は、シエラの家の近くに住んで

複雑すぎるシエラのファミリー

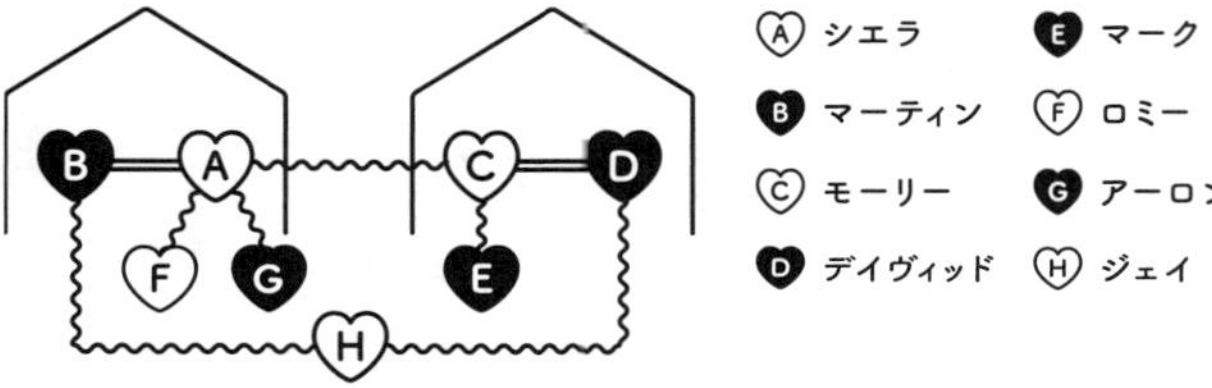

いる。彼らは結婚一二年になり、六歳の子供がいる。彼らもオープン・マリッジを実践している。

モーリーには、シエラの他に、マークというボーイフレンドがおり、交際して五年になる。他方、シエラにはモーリーの他に、ロミー（女性）とアーロン（男性）という恋人がいる。モーリーの夫デイヴィッドにはジェイというガールフレンドがいて、交際三年目になる。さらにジェイは、シエラの夫マーティンの彼女でもある。つまり、シエラからするとジェイは、夫の彼女であり自分の恋人の夫の彼女でもある。

シエラとモーリーは一緒に暮らしてはいないものの、モーリーとの関係を「ファミリー」と表現している。その理由は、日常的に支え合い、助け合う仲だからである。彼女たちの助け合いは、子育てに端的に現れている。

子育てに関する工夫

異居型ポリファミリーの子育てに関する工夫をシエラのファミリーから見ていこう。その前に彼女のブログの一部を紹介したい。

「今日はわたしの家でムーヴィーナイト。一階では子供たちがソファで映画を観ながら、ピザを頬張っている。その間、わたしとガールフレンドはこっそりお楽しみ。夫たちが子供たちを見ているから、安心して楽しむことができるわ」

子供たちが映画に夢中になっている合間に、夫（マーティン）と恋人の夫（ディヴィッド）に子供たちを任せて、恋人（モーリー）とセックスを楽しむなんて！　と驚いた人は少なくないだろう。彼女たちを非難する人もいるだろうし、厳しい人は「母親失格！」の烙印《らくいん》を押すかもしれない。実は、これこそがシエラたちの子育てに関する工夫である。一体どういうことなのだろうか。シエラが子育てに関してよく受けるという二つの質問に対する彼女の答えを参照してみよう。

①子育てのシェア

一つは、「子育てしながら、どうやって恋人とデートする時間をつくっているのか？」という質問である。この質問に対してシエラは、子育てを協力することが秘訣《ひけつ》であると答えている。

たとえば、恋人モーリーの仕事が遅くなるときは、シエラがモーリーの子供の送り迎えをする。シエラが忙しいときには、モーリーがシエラの子供の送り迎えをする。また、先のエピソードにあったように、シエラとモーリーがデートをする日は、夫（マーティン）やモーリーの夫（デイヴィッド）が子供たちのケアをする。シエラが夫と二人でデートしたいときには、モーリーとデイヴィッド夫妻に自分の子供を任せる。もちろん、モーリーとデイヴィッド夫妻がそうしたいときには、彼らの子供を預かる。

シエラたちの間では、育児担当者は固定されておらず、互いが自分の手のあいているときにベビーシッティングを引き受けるという体制ができている。それは自分のプライベートな時間をつくることを可能にする柔軟な交代ベビーシッティング体制である。

②子供のことを考えた環境づくり

シエラに問い合わせの多い二つ目の質問は、「子供に対してポリアモリストであることをオープンにしているの？」というものである。シエラは子供にもオープンにしていると答えている。

この人たちが誰なのか、たとえば、モーリーはママのガールフレンドである、ということを説明してある。「大事なことは、ママとパパが愛し合っていること、ママとパパがあなた（子供）を愛しているということ、そしてママは彼女（モーリー）も愛しているということを子供に正直に伝えることです」とシエラはいう。「しかし、寝室で起こっていることの詳細についてはいいません。それはモノガミーでも同じですね」と付け加えている。

また、他のポリファミリーとの交流が子供にとっても重要な役割を果たすとシエラは考えている。なぜなら、もし子供たちが自分の家族について疑問に思ったとき、直接話を訊くことができる相手がたくさんいる方が子供にとって良いからだという。

シエラはエッセイやブログのなかで「わたしたちの生活は子供を持つモノガミーの家庭となんら変わりはない」と繰り返している。ただ、モノガミーのファミリーと異なるのは、配偶者以外に恋人がいることであり、子供にとってはケアをしてくれる大人が多いことだと述べている。

わたしがインタビューを行った異居型ポリファミリーの間でも、柔軟な交代ベビーシッティング体制が見られた。その際、携帯やメールで頻繁に連絡を取り合うことや、互いの家の合鍵をつくっているなどの工夫がされていた。また、忙しくてもファミリーで集まる時間を確保する傾向や、旅行に備えてファミリー貯金するなどの工夫も見られた。

このように、異居型ファミリーにおいて顕著なことは、愛する人（子供や配偶者、恋人）や自分にとってなにがいいのかを念頭におきながら意識的に行動しているという点である。最後に、二つの家を行き来しながらポリファミリーを築いている事例をもう一つ紹介したい。

事例4　愛する人の元に毎日通うジャック

キャッシー（女性、五〇代）はアラン（男性、五〇代）と結婚一五年になり、ジャック（男性、五〇代）とは交際六年になる。アランとジャックは親しい友人関係にあり、性的な関係はない。二年前、キャッシーとアランはジャックに自分たちの家で一緒に住むことを提案した。しかし、ジャックは亡き妻との思い出が詰まった家を売る気にはなれず、申し出を断った。ジャックの思いを理解したキャッシーとアランは、ジャックの家と同じブロックに引っ越しをした。キャッシーの足が悪いため、ジャックが二人の家を訪れる。ここ数年間、三人はほぼ毎日夕食をともにしている。

キャッシーとアランが一緒に暮らすことを提案したり、引っ越しまでしてジャックの近くに来たのは理由がある。キャッシーは「わたしは足が悪いでしょ。彼に来てもらうしかないから、少しでも負担を減らしたいと思って」という。インタビューでは、ジャックに対するキャッシーの配慮や、妻キャッシーの思いを汲み取り、引っ越しに賛成したアランの思いやりが垣間見られた。

事例4のように、異居型ポリファミリーを築くために引っ越しの経験があるポリアモリストは少なくない。

意識的な家族づくり

本章で紹介したどのファミリーにも共通していたことは、家族内のコミュニケーションを重視する傾向である。自分がどんな環境を望むのか、そのためになにができるのかを伝え合う。その姿からは自分たちで家族をつくっているという意識の高さがうかがえた。

ところで、家族の誰かが家族のためになにかすることを当然のこととしたり、あるいは、家族だから許される、としていることはないだろうか。

それも家族の素敵な側面かもしれない。しかし、自分が家族だと思っている人びとが、自分と一緒に家族づくりに参加してくれていることを、改めて意識してみるのもよいかもしれない。ポリアモリスト曰く、誰かがあなたの家族を演じているのは、あなたという「家族」がかけがえのない存在だからに他ならない。これはポリファミリーと関わるなかで、わたし自身が再確認したことである。

フィールド・エッセイ6 〈他者〉とともに生きる

「理想的な場所は、ナガーノ？　家を購入する際に支払える金額、不明。月々の支払い、一〇〇〇ドル以下。人数、一〇名くらい。理想はパートナーや仲の良い友人たちとみんなで協力し楽しく老後を過ごすこと」

ケイトは紙に書かれたものを読み上げた。

「これ書いたの、あなたね？」

ケイトは訝《いぶか》しげな顔でわたしに尋ねた。

「はい」

今日のミーティングのテーマは「グループ・リビング」。グループ・リビングとは、複数の人が集まって暮らす居住スタイルのことだ。ミーティングがはじまると紙が配られ、そこに自分がグループ・リビングを実践するなら、①理想的な場所はどこか　②家を共同購入する際に支払える金額　③月々に支払える金額　④どんな人と暮らしたいか　⑤人数　⑥その他の理想、を記入せよ、ということだった。記入された紙はケイトのもとに集められ、彼女が一つ一つ読み上げていた。

「ナガーノはどんな場所だ？　都会、それとも田舎なのか？」

五〇代の男性が尋ねてきた。

「東京から車で三時間くらいのところにあり、自然の多いところです」

「車で三時間？　君はコミューンのようなものを想定していて、自給自足でもしようっていうのか？　しかし、老後にそんな体力があるものか」

わたしは萎縮《いしゅく》し、黙り込む。すると別の男性が、

「そもそも君はなぜ、グループ・リビングを老後に限定しているんだ？」

質問というより批判の声色だ。

「わたしは大学もありますし、パートナーは仕事もありますし」

そう答えると、今度は三〇代の女性が「いいかしら」と切り出した。

「わたしたちは夢について語っているけど、それは同時に現実可能なプロジェクトについて話し合っているってことなの。わたしは仕事もあるし、子育てもしているわ。あなた、現状でグループ・リビングするとしたら……」

彼女の発言で、このミーティングの主旨をはじめて理解した。

グループ・リビングに求めるものや理想は、人によってさまざまであった。経済的で効率的な暮らしを第一の目的とする人もいれば、積極的にプライベートなことにも関わりながら日常的に支え合うような共同生活を理想とする人もいる。グループ・リビング経験者である三〇代女性は、長期的にともに暮らす「拡大家族」を理想としていた。その女性は自ら描いた理想の間取り図を披露しながら、血縁や法的な絆はなくても強い絆のある「ファミリー」をつくることができる、ということを繰り返し強調していた。

＊

「理想的な場所は、ウエストハリウッド地域。購入の際に支払える金額は検討中。理想的な月々の支払いは一二〇〇ドル以下。人数は一〇名以下。理想は、異なるジェネレーションから構成されるグループ・リビング」

ケイトは読み上げると、意味不明の言葉を明瞭に発した。

「月は無慈悲な夜の女王（*Moon is a Harsh Mistress*）！」

後で知ったことだが、「月は無慈悲な夜の女王」というのは、ロバート・ハインラインのSF小説のタイトルである。この小説には「ライン・マリッジ」と呼ばれる異なるジェネレーションの人びとからなる複数婚が描かれている。

これを書いたのは、六〇代後半のウィリアムだった。彼はわたしがインタビューしたなかで最年長の男性で、現在一人暮らしをしている。彼はヴェトナム戦争経験者であり、戦場で多くの友人を亡くした。生をいかに豊かに生きてゆくことができるのか。この問いを強く意識するようになったのは、ほかでもなく戦争の体験である、とウィリアムはいう。帰還後、彼は関心のあることに次々と挑戦した。そのなかの一つが、既存の結婚スタイルに囚われない生き方であり、当時の妻とともに「ファミリー・シナジー」のメンバーになった。

「ファミリー・シナジーはコミューンではない。オルタナティヴな家族を築いている人びとのサポート教育グループだ。ファミリー・シナジーの理念は、自分とは異なる〈他者〉を認めよう。それだけだ」

シナジーという言葉は、「相乗効果（協働）」である。ウィリアムは〈他者〉との協働について、二つに分けてわたしに説明した。

「一つは、自分とは異なる家族を築いている〈他者〉との協働だ。モノガミーのファミリー、ゲイ・レズビアンファミリー、シングルマザー・ペアレント・ファミリー、ステップファミリー、ポリファミリー。アメリカにはさまざまな家族のかたちがある。みんな大切な人と暮らしているだけだ。もし隣の家が自分と異なるファミリーであっても、受け入れ、助け合うことができたら日常は豊かになろう。

もう一つは、家族内の〈他者〉を受け入れることから生じる。血や法の絆があるかどうか、一緒に住んでいるかどうか、あるいはセクシュアリティの違い、ジェネレーションの違い、それらに関係なく互いを認め、ともに生きていければ、素晴らしい相乗効果が期待できよう。自分とは異なる〈他者〉を受け入れることは、自分の人生を豊かにする道具《ツール》になりうると信じている」


ポリアモリストにとって、誰かとともに生きるということはなにを意味するのか。この問いに答えることは容易ではない。しかし明らかなことは、彼らが〈他者〉と共生することについて、真摯に向き合っているということである。それは、〈他者〉と良き関係をつくるためであり、自己のなかの〈他者〉と出会い続けるためなのかもしれない。

おわりに　日本のポリアモリスト

ポリアモリーのフィールドワークの話をすると、「それだけポリアモリストと一緒にいたなら、なにか影響を受けたのではないですか？」と訊かれることがよくある。

間違いなく影響を受けたと思う。しかし、多大な影響を受けたからといって、合意のある複数愛を実践するポリアモリストに転身した、というわけではない。ポリアモリーは素敵な愛のかたちだし、魅力的な生き方だと思うが、今の自分に合っているかどうか、今の自分が望んでいることかどうか、は別の話である。

ただ、フィールドワークを行う前と後で、わたしのなかで大きく変化したことがある。フィールドワークを行う前は、ポリアモリーをかなり挑戦的な性愛実験だと思っていた。しかしフィールドワークを終えた後には、一人の人と関係を継続するモノガミーこそ大変な挑戦だ、と考えるようになっていた。

パートナーの人数に関係なく、誰かと親密な関係を築くということは、それ自体が挑戦であり奇跡的なことである。これを強く意識するようになったことが、わたしのなかで大きく変わったことである。

あきこさんの愛のかたち

さて、本書ではアメリカのポリアモリーについて紹介してきたが、日本にもポリアモリストは存在する。日本のポリアモリーの状況について、少しだけ触れておこう。

まず、日本でポリアモリーを実践している安岐あきこさん（女性、三〇代）の事例を紹介しよう。次のインタビューは二〇一四年一〇月一一日に大阪ドーンセンターで開催された「第二回セクシュアルマイノリティと医療・福祉・教育を考える全国大会」の分科会「Polyamory ってどんな愛?」において、公開で行われたものである。

深海　あきこさん、よろしくお願いします。聞きたいことは山ほどありますが、時間の関係上、一一個に絞ってきました。答えたくないときはパスしてくださいね。まずは現状についいて。現在パートナーは何人いますか？　差し支えなければ、ジェンダーと交際歴も教えてください。

安岐　パートナーはAさんとBさんの二人です。二人ともいわゆる男性で、Aさんはバイセクシュアル、Bさんはヘテロセクシュアルです。二人とは、ほぼ同時期に付き合いはじめ、一年と一〇ヶ月くらいになります（二〇一四年一〇月現在）。

深海　二人と会う頻度はどれくらいですか？

安岐　最初に付き合いはじめたAさんとは、わたしが夜勤の日以外はたいてい毎日会っています。Aさんとは同じマンションの二〇一号室と二〇三号室に住んでいて、Aさんが毎日わたしの部屋に来て一緒のベッドで寝ていくという感じです。

Bさんとは月に二回くらい会っています。以前は週に一回くらい会っていましたが、最近はわたしもBさんも仕事が忙しいのと、Bさんに新しいパートナーができたというのもあり、月二くらいで落ち着いています。

深海　AさんとBさんとのなれそめをお聞かせください。

安岐　Aさんのことは七、八年くらい前から知っていました。友人として親しくなりはじめた頃は、わたしの友人の恋人でした。Aさんは、わたしの友人とまた別の人と三人で付き合っていました。友人を通じて、みんなでよく遊ぶようになったんです。あるとき、一緒にイベントをやることになって、打ち合わせをしているうちに、この人といると居心地がいいな、素敵だなと思うようになりました。でも仲間内の人だったので、自分からアプローチをしたり、関係を変えようとは思っていませんでした。

その少し後。わたしにモテ期が来たんですよ！　ちょうどクリスマスの時期で、複数の人からクリスマスを一緒に過ごさないかと声をかけられていました。お酒を飲んでいる席でAさんに「モテ期来ちゃってさ〜」と話したら、「俺もあきちゃん好きだよ。友達としてじゃないよ」っていわれたんです。「付き合いたい」と告白され、付き合うことにしました。

もう一人のBさんとは、その一週間後くらいに付き合いはじめました。Bさんとはポリーラウンジ（後述）で知り合いました。Bさんの家とわたしの職場がすごく近いということで「一度ご飯に行きましょう」ということになり、食事をしました。知的好奇心を刺激されるような、一緒にいて面白い人だなって思いました。そうしたら「あきさんのペースに合わせるから、お付き合いしませんか？」といわれ、最近付き合いはじめた恋人がいることをお伝えしました。Bさんは「それでもいい」といってくれたので、付き合うことにしました。

深海　Aさんに「ほかに付き合いたい人がいる」って打ち明けたときはどうでしたか？　そのときのAさんの反応はどんな感じでしたか？

安岐　AさんにBさんのことをいうのは、すごく勇気がいりましたね。実際、一ヶ月くらいいい出せなかったです。打ち明けたとき、Aさんに「薄々そうかなって思っていたけど、もっと早くいってほしかった」といわれました。怒られたというか責められたというか、そんな感じだったかな。

そのあと、Bさんに「Aさんにわたしたちが付き合っていることをきちんと伝えたよ」というのを忘れていたんです。その次のポリーラウンジで二人は顔を合わせているのですが、Bさんは自分たちが付き合っていることをAさんは知らない、と思っていて。あとからBさんに「自分たちの関係についてAさんが知っているなら、Aさんともっと違う話ができたのに！」って怒られました。「自分のことを大事に思っていないから、そんな大切なことを忘れるんだ！」って、責められました。

深海　AさんとBさんは顔見知りだったようですが、改めて紹介したりしましたか？　三人で会ったりすることもありますか？

安岐　三人で食事する会を設けました。二人は共通点もあるし、きっと話が合うだろうと思っていたんです。でも、実際に会ってみたら、ぜんぜん違った！　三人で仲良くして、一緒にご飯を食べたり、いつかみんなで旅行にも行きたいと思っていたんですけど、その夢は粉々に打ち砕かれました……（苦笑）。

意見が異なるトピックがあって、少しいい争いになってしまいまして。そのことでお互い不信感というか、イケ好かないやつ、という感覚を持ってしまったようです。それは今でも続いているように感じています。

深海　二人のパートナーと交際していく上で、気をつけていることはありますか？

安岐　「こういうことはしてほしくない」とか「こういうことをすると喜ぶ」というポイントをスマホにメモしています。あと、二人が不安にならないように、「好きだよ」「愛してるよ」というのを日々伝えていこう、と思っています。

深海　ポリアモリーを実践していて、正直、大変だな、面倒くさいなと思ったことはありますか？

安岐　二人はお互いにあまり良く思っていないので、気を遣うことがあります。こっちの人があっちの人を悪くいっていたとか、伝えないようにしていたんです。それは少し面倒ください。なので、最近は小出しにするようにしています。

あとは、このことはもう一人のパートナーには伝えないでほしい、といわれること。それをいわないことで話がややこしくなったりするので、大変だなと思うことはあります。でも秘密は守りますよ！

深海　ポリアモリーを実践していて良かった、と思うことはありますか？

安岐　好きな人と付き合っていられることですかね。付き合っている人がいるのにほかの人と会っている、という罪悪感も少なくなりました。

深海　〈一対一〉の交際をしていたときと違いますか？

安岐　〈一対一〉の交際をしていたときは、どこか相手の所有物みたいに扱われる面がありました。ポリー（ポリアモリストのこと）になってからそういう感覚はなくなったかな。個人として尊重されている感じがします。

深海　友達にポリアモリーを実践していることを伝えていますか？

安岐　友達にはだいたいカミングアウトしています。いつも一緒にいる仲間は何とも思っていません。ポリアモリーとモノガミーのどちらがいい、悪いじゃないよね、どちらが自分に合うかというだけだよね、と思っている人たちですから。

深海　最後に、あきこさんの現在の関心や夢について教えてください。

安岐　妊娠出産、子育てが気になっています。わたしは血縁関係には全く拘らないので、養子とか里親とかもいいかなって思っています。現状として、里親になるのはすごくハードルが高いのですが。

あと、ポリーラウンジに来ている若い人たちで、ポリーとして子育てしたいっていっている人たちが結構います。それを少しでもサポートできたらな、と思います。ちょっと上の世代だと「いくらポリーといっても、子供の前ではいえないでしょ」という人もいます。若い人たちの中で「ポリーとして子育てしたい」という人たちが出てきていて、この先がすごく楽しみだし、希望だな、と思っています。

日本のポリアモリー・グループ「ポリーラウンジ」

日本のポリアモリストの数はまだ少ないと思われる。わたしの知る限り、日本において継続的に集いを開いているようなポリアモリー・グループは三つだけである。その一つが、さきほどのインタビューであきこさんが言及していた「ポリーラウンジ」（以下ポリラン）であり、東京と大阪で開催されている。ポリランを設立したシロさん（男性、二〇代）に経緯や目的、参加者についてうかがった。

①ポリラン設立の経緯と目的

ポリランはツイッター上でのやりとりがきっかけで設立された、とシロさんはいう。二〇一〇年。ポリアモリストが自分の気持ちを話したり、他の人の話を聞く機会ってないよね、そういう機会があったらいいな、というCさんのツイートにシロさんが反応した。シロさんが恋人と別れ、ポリアモリーに失敗したと感じていた直後のことだった。シロさんは「他の人がどうやってポリアモリーをうまく実践しているのか知りたい」「他の人の話を聞いてみたい」と思い、幹事を引き受けて集まりをセッティングした。それが第一回ポリランであり、九名が参加した。

ポリランをどのような会にするかについてはCさんや友人のあきこさんと相談し、セクシュアルマイノリティのサポートを目的とした自助グループのお茶会の雰囲気を目指した。もしその場で相談できなくても、信頼できる人を見つけて繋がってもらえるような会になれば嬉しい、と思っていた。そして何度か会を重ねるごとに、ポリランがあることが誰かの希望になるといいな、と思うようになった、とシロさんはいう。

②ミーティング参加者について

二〇一〇年にはじまったポリランは、これまで東京で一六回、大阪で七回開催されている（二〇一五年三月現在）。参加者数は一〇名から一五名前後で、多いときには二〇名前後が集うようだ。参加者の年代は二〇代から三〇代が多い。それはポリランの告知をツイッターやフェイスブックでしていることに関係しているのではないか、とシロさんはいう。

また、ポリランは常に同じ人が主催しているわけではなく、ポリランに来たことがありポリランを開きたい人であれば誰でも幹事ができることになっている。したがって主催者によって参加者や雰囲気が少し異なるようである。

わたし自身、ポリランに三回参加したことがある。ポリランには、愛や性に対してさまざまな考えの人たちが参加しており、自分とは異なるセクシュアリティやライフスタイルを受け入れる能力のある柔軟な人たちが集まっていた。そして、アメリカでわたしが出会った多くのポリアモリストと同じく、オープン・マインドの人たちが多い、という印象を持った。

ポリアモリー自体に関心を持っているわけではないが楽しそうだから参加した、という人も少なくなかった。そのような方々の多くはLGBTだった。そこから、ポリランはLGBTの人が安心して楽しめる場としても機能しているように思われた。

また、遠方から参加している人もいた。九州から参加していたDさん（女性、三〇代）は、事前に上京の日程をポリラン主催者に伝えて開催日を調整してもらった、といっていた。

Dさんはポリアモリーの考え方で八年にわたって二人の人を愛してきたが、「ポリアモリー」という言葉は長いこと知らなかったそうだ。三年前にポリアモリーの概念を知ったときの安心感は大きく、また、自分と同じ状況の人と交流したことがなかったため、グループを見つけたときはとても嬉しかった、といっていた。

一年後、Dさんにメールで近況を伺うと、すぐに返信があった。

一年前はパートナーが二人でしたが、今は一人です。パートナーの数は、愛し方に密接に関わる問題ですし、社会的にどのように受け止めてもらえるのかという問題も抱えています。でも、わたしにとって最大の関心は、パートナーの数ではなく、誰をどのように愛するか、ということである気がします。

あとがき

本書を手にとっていただき、ありがとうございました。紹介本とはいえ、愛という大きなテーマを約二〇〇ページで扱うという無謀なチャレンジであったことは百も承知です。「ポリアモリー」という言葉をはじめて聞く日本の方々にコアな部分を紹介しつつ、さまざまな関心から読んでいただけるよう思案した結果、このような構成になりました。至らぬ点は多々あるかと思いますが、「ポリアモリーについて実感的にわかった」という感想をお持ちいただければ、本書の目的は達成されたことになります。

さて、わたしがポリアモリーを日本に紹介したかった理由は三つあります。

第一に、ポリアモリーを自分の都合がいいように解釈し、理念を理解しないまま借（悪）用するような人が出てくるような状況を回避したかったからです。

第二に、なにかしらの事情で愛の関係に悩んでいる方々に、新しい選択肢の一つとしてポリアモリーを紹介したかったからです。ポリアモリーに興味を持たれた方は、ぜひ、マニュアル本やハウツー本を手に取ってみてください。

第三に、自分とは異なる愛を生きる人を、自分の「常識」だけで判断してほしくない、という思いからです。ポリアモリストの方々は、みなさんと同じように「愛する人とともにいたい」と願い、その関係を懸命に生きているだけです。

自分とは異なるかたちの愛や家族を築いている人を受け入れることのできる社会ができれば。そんな思いを抱きながら本書を執筆しました。これはわたしの研究のモチベーションでもあります。

本書は多くの方々のお力添えで執筆することができました。全ての方のお名前を挙げることができないのですが、この場を借りて感謝の意を申し上げます。ここでは代表として、以下のみなさまに感謝をお伝えします。

まず、インタビューに協力してくださった南カリフォルニアのポリアモリストのみなさま。とりわけ、本書に何度も登場しているグレンには、大変お世話になりました。フィールド調査はお金がかかります。ロサンゼルス市におけるフィールド調査は、平成二三年度の公益信託澁澤民族学振興基金「大学院生等に対する研究活動助成」のご支援のもと、実施することができました。

指導教員の春日直樹先生、大杉高司先生、岡崎彰先生、修士課程時にご指導いただきました石井美保先生。先生方のご著作やご発言は、アカデミックや人類学という枠を超え、わたしの世界の見方に多大に影響を与えているように思います。また、一橋大学人類学研究室のみなさま、草稿に目を通してアドバイスをしてくださった先輩や友人、代表として浜田明範さんに深くお礼申し上げます。

また、執筆中に精神的な支えになってくれた日本のポリアモリストであり友人の中野千曉さん、公開インタビューの掲載を承諾してくださったあきこさん、ポリランについての情報を提供してくださったシロさんと上村沙紀子さん、本書のイラストや図表デザインを担当してくださった柳川敬介さん、企画段階から大変お世話になった鯉沼広行さん。みなさまのサポートがなければ、本書をかたちにすることはできませんでした。

また、執筆の途中で、劇作家のオノマリコさんと「エスノドラマ研究室」を「長島確のつくりかた研究所」内に立ち上げました。エスノドラマ研究室では、〈他者〉にどのように接近できるかを考え、実験やワークショップを行っています。二〇一四年には、他者理解の一つの道具として、「ポリアモリーの人生ゲーム」をつくりました（237ページ参照）。エスノドラマ研究室のみなさまと過ごす時間は刺激的で、それは執筆の支えとなりました。

そして、本書の編集を担当してくださった平凡社の岸本洋和さん。「ポリアモリー」というマイナーなテーマを日本に紹介する機会をつくってくださったこと、非常に丁寧に原稿を読んでくださったこと、質問や問題に迅速に対応してくださったこと、大変うれしく、感謝の気持ちでいっぱいです。

最後に、さまざまな面でサポートしてくれた「家族」、父、母、そして良き理解者であり、いつもわたしをあたたかく見守ってくれるサングラスの似合うパートナーに、改めて感謝の意を表します。

本当に本当にありがとうございます。

二〇一五年三月吉日

深海菊絵

参考文献

日本語文献

アサド、タラル『世俗の形成――キリスト教、イスラム、近代』中村圭志訳、みすず書房、二〇〇六年
江國香織『きらきらひかる』新潮文庫、一九九四年
岡本太郎『一平かの子――心に生きる凄い父母』チクマ秀版社、一九九五年
カスタネダ、カルロス『ドン・ファンの教え』真崎義博訳、太田出版、二〇一二年
亀井俊介『ピューリタンの末裔たち――アメリカ文化と性』研究社出版、一九八七年
亀井俊介『性革命のアメリカ――ユートピアはどこに』講談社、一九八九年
ジブラン、カリール『預言者』佐久間彪訳、至光社、一九八四年
ジラール、ルネ『欲望の現象学――文学の虚偽と真実』古田幸男訳、法政大学出版局、一九七一年
鈴木透『性と暴力のアメリカ――理念先行国家の矛盾と苦悶』中公新書、二〇〇六年
瀬戸内晴美『かの子撩乱』講談社文庫、一九七九年
立花隆『アメリカ性革命報告』文春文庫、一九八四年
田中優子『江戸の恋――「粋」と「艶気」に生きる』集英社新書、二〇〇二年
中山紀子「嫉妬する夫――トルコの夫婦と性的隔離」(『性の文脈』松園万亀雄編、雄山閣、二〇〇三年所

収)
ナンシー、ジャン＝リュック『複数にして単数の存在』加藤恵介訳、松籟社、二〇〇五年
ハインライン、ロバート『異星の客』井上一夫訳、創元推理文庫、一九六九年
バトラー、ジュディス『自分自身を説明すること——倫理的暴力の批判』佐藤嘉幸・清水知子訳、月曜社、二〇〇八年
フーコー、ミシェル『性の歴史Ⅲ　自己への配慮』田村俶訳、新潮社、一九八七年
フーコー、ミシェル『フーコー・コレクション5　性・真理』小林康夫、石田英敬、松浦寿輝編、ちくま学芸文庫、二〇〇六年
古橋信孝『古代の恋愛生活——万葉集の恋歌を読む』NHKブックス、一九八七年
フロム、エーリッヒ『生きるということ』佐野哲郎訳、紀伊國屋書店、一九七七年
ベンヤミン、ヴァルター『ヴァルター・ベンヤミン著作集14　書簡Ⅰ』野村修編、晶文社、一九七五年
真木悠介『自我の起原——愛とエゴイズムの動物社会学』岩波現代文庫、二〇〇八年
松長有慶「序章　タントラの夜明け」(ムケルジー、アジット『タントラ　東洋の知恵』松長有慶訳、新潮選書、一九八一年所収)
ミレット、ケイト『性の政治学』藤枝澪子ほか訳、ドメス出版、一九八五年
牟田和恵編『家族を超える社会学——新たな生の基盤を求めて』新曜社、二〇〇九年
ヨコタ村上孝之『色男の研究』角川選書、二〇〇七年
吉本隆明『超恋愛論』大和書房、二〇〇四年

リマー、ロバート『ハラード実験――米国ハラード大学男女学生の婚前交渉実験ノート』斯波五郎訳、オリエンタルコーポレーション、一九六八年
リンギス、アルフォンソ『信頼』岩本正恵訳、青土社、二〇〇六年
ルーリオ、ラダ・C『タントラライフ――変容のヴィジョン』澤西康史訳、和尚エンタープライズジャパン、二〇〇三年

外国語文献

Anapol, D. M., *Love Without Limits: The Quest for Sustainable Intimate Relationships: Responsible Nonmonogamy*. IntiNet Resource Center, 1992.
Anapol, D. M., *Polyamory: The New Love without Limits*. IntiNet Resource Center, 1997.（アナポール、デボラ『ポリアモリー――恋愛革命』堀千恵子訳、インターシフト、二〇〇四年）
Conley, T. D., Moors, A. C., Matsick, J. L., & Ziegler, A., The fewer the merrier?: Assessing stigma surrounding non-monogamous romantic relationships. *Analyses of Social Issues and Public Policy*, 13(1), pp.1-30, 2013.
Easton, Dossie and Hardy, W. Janet, *The Ethical Slut: A Practical Guide to Polyamory, Open Relationships & Other Adventures*. Celestial Arts, 2009.
Nearing, Ryam, *Polyfidelity: Sex in the Kerista Commune and Other Related Theories on How to Solve the World's Problems*. Performing Arts Social Society, 1984.

Page, E., Mental health services experiences of bisexual women and bisexual men: An empirical study. *Journal of Bisexuality*, 3(3/4), pp.137–160, 2004.

Veaux, Franklin & Rickert, Eve, *More Than Two: A Practical Guide to Ethical Polyamory*. Thorntree Press, 2014.

ウェブページ

Bennett, Jessica. “Polyamory – relationships with multiple, mutually consenting partners – has a coming-out party”. Newsweek Magazine Online. 2009. http://www.newsweek.com/polyamory-next-sexual-revolution-82053（参照 2015-3-18）

Centers for Disease Control and Prevention, “Sexual Behavior and Selected Health Measures: Men and Women 15-44 Years of Age, United States, 2002”. Advance Data: From Vital and Health Statistics. Number 362. 2005. http://www.cdc.gov/nchs/data/ad/ad362.pdf（参照 2015-3-18）

Cunning, Minx, “PW324: Poly parenting with Sierra Black” .Polyamory Weekly. 2012. http://polyweekly.com/2012/06/pw-324-poly-parenting-with-sierra-black/（参照 2015-3-11）

Dorian, Marc and Mendelsohn, Michael. “Honey, I'm Home From My Date: Mass. Families Open Up About Open Marriage”. Abc NEWS. 2012. http://abcnews.go.com/Health/honey-home-date-mass-families-open-open-marriage/story?id=16171027（参照 2015-3-11）

Labriola, Kathy. “Poly Living Styles: Should we all live together?”. Kathylabriola.com. http://www.

kathylabriola.com/articles/poly-living-styles-should-we-all-live-together（参照 2015-3-18）

Nearing, Ryam. Loving More Survey: Polyamory Demography – the “Loving More Magazine” Study 2000. The Kinsey Institute. 2000. http://www.lovemore.com/polyamory-articles/2012-lovingmore-polyamory-survey/（参照 2015-3-18）

Trask, Robyn. Polyamory Movement Headed for Rough Seas as the Wave Crosses into the Mainstream. Loving More Magazine. 2011. http://www.lovemore.com/poly/polyamory-movement-headed-for-rough-seas-as-the-wave-crosses-into-the-mainstream/（参照 2015-3-18）

Wagner, Anita. “Emotional Edge Play: Polyamory for BDSM/Leather/Fetish Folk”. Practical Polyamory. 2010. http://www.practicalpolyamory.com/images/Emotional_Edge_Play_Handout.pdf（参照 2015-3-18）

ウェブサイト

Child WILD: embracing the wild heart of parenting. http://childwild.com/

LOVING MORE. http://www.lovemore.com/

Meetup. http://www.meetup.com/

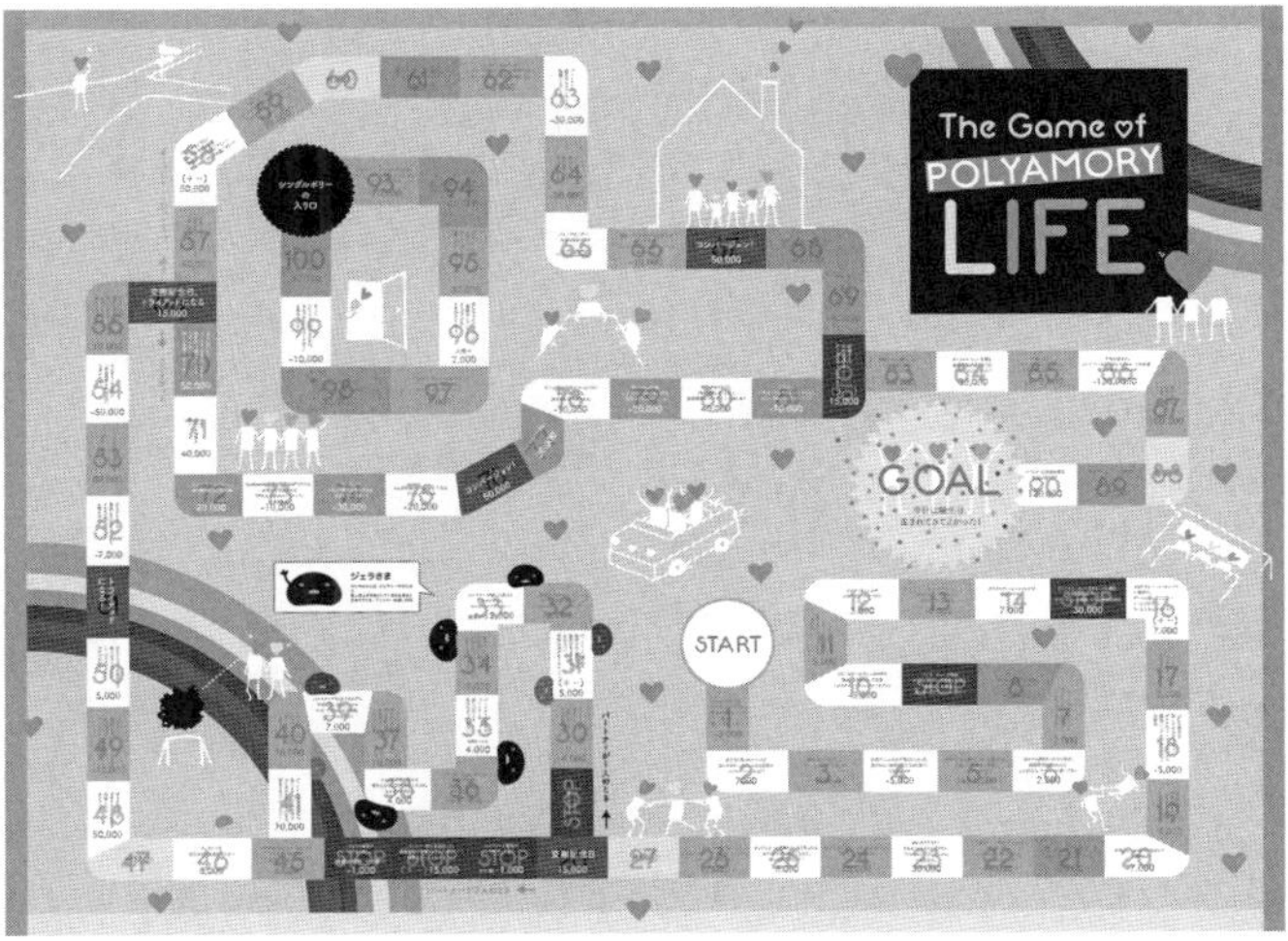

ポリアモリーの人生ゲーム version 1

デザイン：柳川敬介

【著者】
深海菊絵（ふかみ きくえ）
札幌生まれ、横浜育ち。現在、一橋大学大学院社会学研究科博士後期課程に在籍。専攻は総合社会科学、人間行動研究分野（社会人類学）。主な研究領域は性愛論・家族研究。2013年より東京アートポイント計画の一事業として発足した「長島確のつくりかた研究所」の研究員として活動。同研究所内に「エスノドラマ研究室」を立ち上げ、ポリアモリーのワークショップなどを開催している。本書が初の著作となる。

平凡社新書777

ポリアモリー 複数の愛を生きる

発行日——2015年6月15日　初版第1刷

著者——深海菊絵

発行者——西田裕一

発行所——株式会社平凡社
東京都千代田区神田神保町3-29　〒101-0051
電話　東京（03）3230-6580［編集］
　　　東京（03）3230-6572［営業］
振替　00180-0-29639

印刷・製本—図書印刷株式会社

装幀——菊地信義

ISBN978-4-582-85777-1
NDC 分類番号389　新書判（17.2cm）　総ページ240
平凡社ホームページ　http://www.heibonsha.co.jp/